Religion und Identität

PERSPEKTIVEN DEUTSCH-JÜDISCHER GESCHICHTE

herausgegeben von Rainer Liedtke und Stefanie Schüler-Springorum
im Auftrag der Wissenschaftlichen Arbeitsgemeinschaft
des Leo Baeck Instituts in der Bundesrepublik Deutschland

Perspektiven deutsch-jüdischer Geschichte vermittelt in sieben Bänden einen umfassenden, thematisch organisierten Überblick über die historische Erfahrung der Juden im deutschen Sprachraum vom 18. Jahrhundert bis zur Gegenwart. Jeder der chronologisch aufgebauten Teilbände ist in sich abgeschlossen und befasst sich mit einem grundlegenden Aspekt der deutsch-jüdischen Geschichte, die immer als integraler Bestandteil der allgemeinen Geschichte betrachtet wird. Die Reihe richtet sich an ein breites, historisch interessiertes Lesepublikum, reflektiert den aktuellen Stand der wissenschaftlichen Forschung, setzt jedoch keine Spezialkenntnisse zur jüdischen Geschichte voraus. Initiiert und gefördert wurde das von den Herausgebern und Autorinnen und Autoren in enger Kooperation entwickelte Gesamtprojekt von der Wissenschaftlichen Arbeitsgemeinschaft des Leo Baeck Instituts.

Steven Lowenstein

Religion und Identität

Ferdinand Schöningh

Der Autor:
Steven Lowenstein war bis zu seiner Emeritierung Isadore Levine Professor of Jewish History an der American Jewish University, Los Angeles.

Übersetzung von Georg Wamhof.

Bibliografische Information der Deutschen Nationalbibliothek

Die Deutsche Nationalbibliothek verzeichnet diese Publikation in der Deutschen Nationalbibliografie; detaillierte bibliografische Daten sind im Internet über http://dnb.d-nb.de abrufbar.

(Ferdinand Schöningh GmbH & Co. KG, Jühenplatz 1, D-33098 Paderborn)

Internet: www.schoeningh.de

Printed in Germany.
Herstellung: Ferdinand Schöningh, Paderborn
Einbandgestaltung: Evelyn Ziegler, München

ISBN 978-3-506-77394-4

Inhalt

Einleitung

Dieses Buch gibt einen Überblick über die sich rasch wandelnden Formen jüdischer Religionsausübung und Glaubensüberzeugung in Deutschland von der Mitte des 18. Jahrhunderts bis in die Gegenwart. Dabei wird versucht, auf religiöse Alltagshandlungen und den Glauben breiter jüdischer Bevölkerungsschichten mindestens ebenso viel Gewicht zu legen wie auf die theologischen Lehren führender intellektueller Köpfe. Es ist davon auszugehen, dass die Mehrheit der Leserinnen und Leser mit der deutschen Geschichte im Allgemeinen vertraut ist, doch hinsichtlich der jüdischen Religion und wie sich diese von christlichen Formen der Gottesverehrung und Theologie unterscheidet, nur über begrenzte Kenntnisse verfügt. Daher werden diese Unterschiede (wie auch die Ähnlichkeiten) etwas ausführlicher erläutert. Ein Aspekt, der in weiten Teilen der Darstellung klar hervortreten wird, ist der unverkennbare Zusammenhang von allgemeineren Trends im politischen, ökonomischen und sozialen Rahmen der deutschen Gesellschaft und ihren religiösen wie ideologischen Auswirkungen innerhalb des Judentums.

Insbesondere im 19. Jahrhundert bestand zwischen dem Prozess der politischen, sozialen und kulturellen Integration des deutschen Judentums in die Mehrheitsgesellschaft (besonders ins Bildungsbürgertum) und den Entwicklungen in der jüdischen Religion eine enge Verbindung. Im traditionellen Judentum waren Volkstum und Religion in einer Weise miteinander verbunden, die problematisch wurde, sobald von den Juden erwartet wurde, sich selbst als Deutsche zu verstehen und nach den gleichen Gesetzen zu leben wie alle anderen auch. Verschiedene Gruppierungen innerhalb des Judentums vertraten ganz unterschiedliche Auffassungen darüber, wie sehr sich das traditionelle Judentum zu wandeln habe, um jüdische Partizipation in der breiteren Gesellschaft zu ermöglichen. Gegen Ende des 19. und zu Beginn des 20. Jahrhunderts wurde jedoch das Verlangen, sich in die deutsche Gesellschaft zu assimilieren, sowohl von antisemitischer Ablehnung als auch von einer Wiederbehauptung jüdischer Differenz infrage gestellt. Häufig ging es nun nicht mehr um die Frage, »was können wir tun, um noch vollwertiger an Gesellschaft und Kultur der Mehrheit teilzuhaben«, sondern eher darum, »was sind unsere spirituellen Werte und was bedeutet uns unser Judentum eigentlich – nun, da wir akkulturiert sind«.

Die Katastrophe des deutschen Judentums in der Zeit des Nationalsozialismus bildete einen gewaltigen Bruch in der deutsch-jüdischen Kontinuität. Viele Jahrzehnte hindurch wurden die Entwicklungen im nachkriegsdeutschen Judentum bloß als ein Epilog zur glanzvollen Vergangenheit der auf entsetzliche Weise zerstörten Gemeinschaft betrachtet. Erst in den letzten Jahren haben Wissenschaftler damit begonnen, die Entfaltung einer neuen, lebendigeren jüdischen Kultur in Deutschland zu würdigen – eine Kultur jedoch, die nur wenige unmittelbare Verbindungen zu den Entwicklungen der Vorkriegszeit aufweist.

Religion, Volkstum und Kultur vor der Emanzipation

Vormoderne Lebensmuster des deutschen Judentums

Vor der Emanzipation der Juden waren ethnische Identität, rechtlicher Status und Alltagskultur der Juden eng mit der jüdischen Religion verbunden. Anders als bei den christlichen Konfessionen wurde das Judentum nicht als Bekenntnis zu einer Reihe von dogmatischen Lehrsätzen aufgefasst (obwohl es durchaus jüdische Glaubensgrundsätze gab), vielmehr kam es vorwiegend in religiösen Handlungen zum Ausdruck, mit denen im Laufe des alltäglichen Lebens Gehorsam gegenüber Gott demonstriert wurde. Die überwältigende Mehrheit der Juden im Deutschland des frühen 18. Jahrhunderts befolgte zumindest in der Öffentlichkeit die wesentlichen Regeln jüdischer Gesetze und Gebräuche. Dazu gehörten Speisevorschriften, das tägliche Gebet (für Männer), die Einhaltung der Sabbatruhe, jüdische Feier- und Fastentage, Familienreinheitsgebote und das monatliche rituelle Bad für Frauen sowie eine Anzahl weiterer Verrichtungen, durch die sich die Lebensweise der Juden von der ihrer christlichen Nachbarn unterschied. Die meisten Juden übten diese Praktiken weitgehend unreflektiert, als selbstverständlichen Teil ihres Jüdischseins aus und verspürten kaum ein Bedürfnis, über deren Bedeutung und Begründung zu philosophieren.

Christliche Autoren, die über das Judentum schrieben, vertraten gegenüber der jüdischen Religion beinahe seit den Anfängen des Christentums äußerst negative Einschätzungen. Abgesehen von Angriffen wegen der Ablehnung Jesu sahen sie im Judentum – im Unterschied zum Christentum »des Geistes« – eine legalistische Religion »des Fleisches«. Jüdische Religionsausübung wurde oft als bloßes *Ceremonialgesetz* betrachtet, dass weder auf Geboten der Moral noch auf wahrem Glauben beruhe. In voremanzipatorischer Zeit ignorierten die meisten Juden derartige christliche Kritik und praktizierten ihre Religion trotz Verachtung durch die Mehrheit.

Hinsichtlich der jüdischen Ethnizität stimmten christliche wie jüdische Glaubenslehren darin überein, dass Juden Nachkommen der biblischen Israeliten seien, die wegen ihrer Sünden von Gott ins Exil getrieben worden waren. Uneins waren sie lediglich darüber, worin diese Sünden bestanden hatten: in der Ablehnung Christi laut christlicher oder im Ungehorsam gegenüber göttlichen Geboten gemäß jüdischer Auffassung. Als Volk im Exil wurden Juden nicht als Teil der einheimischen Bevölkerung Deutschlands, sondern eher als nur zeitweilige Einwohner des Landes betrachtet. Schließlich beteten Juden selbst täglich für die Ankunft des Messias, der sie ins Heilige Land zurückführen solle. (Ob sie jedoch wirklich erwartet haben, zu Lebzeiten in ihr »altes Heimatland« zurückzukehren, ist nicht auszumachen.) Die verschiedenen deutschen Territorialherrschaften fassten die Gewährung ständigen Aufenthalts von Juden als ein Privileg auf, dass nur vergeben wurde, solange es der Regierung nützlich erschien und wenn im Gegenzug besondere Steuern gezahlt wurden. *Schutzjuden*, die theoretisch als Ausländer galten, unterlagen Restriktionen. Diese bezogen sich auf die Anzahl derer, die sich niederlassen durften, auf die Möglichkeit, Nachkommen ebenfalls anzusiedeln, und darauf, welche Berufe ergriffen werden konnten. Theoretisch konnten sie von der Landesherrschaft je nach Belieben ausgewiesen werden. Wenn Juden allerdings die Niederlassung gestattet worden war, wurde ihnen gewöhnlich auch zugestanden, in inneren Angelegenheiten nur nach eigenem religiösen Recht beurteilt zu werden; allgemeines Eherecht, Wehrpflicht und die sonst vorgeschriebene Sonntagsruhe galten für sie dann nicht. Gemeinhin genossen Juden »Bekenntnisfreiheit« und das Recht, im Privaten ihre Religion ausüben zu können. Bei deren öffentlicher Zurschaustellung gab es jedoch Einschränkungen. Häufig hegten die Obrigkeiten gegenüber Juden den Verdacht, sie würden die christliche Religion schmähen, weshalb sie jüdische Rechtstexte und Gebetbücher einer Zensur unterwarfen.

Juden studierten sämtliche heiligen Bücher des Judentums – die Bibel, den Talmud und religiöse Rechtskodizes – im hebräischen (oder aramäischen) Original. Hebräisch war zudem die Sprache, in der öffentliche Andachten gehalten wurden. Während gebildete jüdische Männer über mehr oder weniger gute Kenntnisse des Hebräischen verfügten, verstanden Frauen und der einfache jüdische Mann, »der wie eine Frau ist«, nicht viel davon. Die unter deutschen Juden gebräuchliche Sprache war Westjiddisch – dem Deutschen zwar eng verbunden, geschrieben aber stets in hebräischer Schrift. Für Frauen und ungebildete Männer gab es eine stattliche Auswahl an populären religiösen (und weltlichen) Texten auf Jiddisch. Am beliebtesten unter dieser Art von Literatur war die Tsena Urena, eine illustrierte, paraphrasierte Fassung des Pentateuch, die viele traditionelle Geschichten aus dem Midrasch enthielt. Die religiöse Unterweisung von Jungen bestand hauptsächlich in der Übersetzung und Erörterung hebräischer (oder aramäischer) Texte aus Bibel oder Talmud in jiddischer Umgangssprache. Wenn Mädchen überhaupt unterrichtet wurden, beschränkte sich dies gewöhnlich auf die Lektüre jiddischer Texte.

Religiöse Autorität war in der jüdischen Lebenswelt eher dezentral und in diffuser Weise organisiert. Eine offizielle jüdische Hierarchie existierte nicht. Jede Ortschaft mit einer existenzfähigen Anzahl jüdischer Familien bildete eine einzelne Kehilla (jüdische Gemeinde), die von einem oligarchisch gewählten Laienvorstand verwaltet wurde. Die Vollstreckungsmacht der Kehilla schloss sowohl die Exkommunikation als auch Geldstrafen ein. In manchen deutschen Ländern gab es oberhalb der einzelnen Kehillot landesweite Gremien, die aus Delegierten einzelner Gemeinden bestanden; einige Länder verfügten auch über einen Oberrabbiner. Rabbiner, die jüdischen Rechtsgelehrten, entschieden über bestimmte Rechtsfragen entweder persönlich, in rabbinischen Gerichten oder mittels Responsen (Klärung von Streitfragen durch Korrespondenz mit angesehenen Autoritäten). Außerhalb der eigenen Ortschaft genossen Rabbiner lediglich moralische Autorität, verfügten aber über keinerlei Vollstreckungsmacht. Im Allgemeinen hatten nur die größeren Gemeinden stets anwesende Rabbiner. Die meisten der kleineren Gemeinschaften waren angewiesen auf religiöse Führung durch Religionslehrer, die daneben auch in Gottesdiensten vorbeteten und als koschere Schächter dienten.

Genauso wie es Unterschiede zwischen einem volkstümlichen Christentum und der Religion christlicher Theologen gab, so wich auch das von Rabbinern und jüdischen Denkern ausgearbeitete Judentum häufig auffällig von dem volkstümlichen Judentum der Ärmeren und weniger Gebildeten ab. Jüdische Volksbräuche verliehen den in jüdischen Rechtskodizes festgelegten Praktiken oftmals Farbe und Detail – sei es in Form von Feiertagsspeisen, bei Geburts-, Hochzeits- und Trauerritualen oder auch bei Gebeten in der Umgangssprache (für Frauen). Rabbiner und Gelehrte standen Volksbräuchen oft zwiespältig oder misstrauisch gegenüber, da sie dahinter Aberglauben, Magie oder gar Götzenverehrung witterten. Zwar billigten Rabbiner im Allgemeinen Schutzamulette oder solche Zeremonien wie den Namenswechsel des Patienten, um ernstlich Kranke zu beschützen; weit skeptischer waren sie jedoch bei einigen beliebten volksmedizinischen Praktiken, ganz zu schweigen vom Aufsagen von Zaubersprüchen oder der Anwendung von Magie. Obschon auch viele Rabbiner in vormoderner Zeit an böse Geister und an den *bösen Blick* glaubten, hießen sie längst nicht allen Maßnahmen gut, die einfache Leute ergriffen, um solchen Mächten Herr zu werden. Bisweilen war unklar, wo die Linie zwischen einem akzeptablen oder inakzeptablen Volksbrauch (»törichter Gebrauch« – minhag shtut) verlief, und religiöse Autoritäten waren darüber uneinig. Bräuche und Überzeugungen der jüdischen Volksfrömmigkeit hielten sich vor allem in ländlichen Gegenden oft bis ins 19. Jahrhundert hinein, obwohl die an Stärke gewinnenden Kräfte der Aufklärung und des Rationalismus mit wachsendem Eifer dagegen ankämpften.

Der Beginn der Umwandlung

Im Laufe der frühen Neuzeit und besonders im 18. Jahrhundert versuchten absolutistische Herrscher die Autonomie jüdischer

Gemeinden einzuschränken, ohne diese jedoch vollkommen abzuschaffen. Regierungen begannen, bei Wahlen von Gemeindeältesten und Rabbinern einzugreifen. In Preußen wurde im 18. Jahrhundert von den Gemeindevorständen verlangt, Regierungsvorschriften durchzusetzen, darunter zum Beispiel eine jüdische Kollektivhaftung für sämtliche von Juden verursachten Diebstähle und Konkursfälle. Der preußische Staat erlaubte es Juden zwar weiterhin, nach jüdischem Ehe-, Scheidungs-, Erbschafts- und Vormundschaftsrecht zu leben, doch gab er staatlichen Gerichten die Macht, dieses Recht zu vollziehen. Um es diesen Gerichten zu ermöglichen, nach jüdischem Zivilrecht zu urteilen, half Moses Mendelssohn dem Oberrabiner von Berlin die entsprechenden Bestimmungen des jüdischen Rechts ins Deutsche zu übersetzen; die Zusammenstellung erschien 1778 unter dem Titel *Die Ritualgesetze der Juden.*

Bei dem Versuch, den Vorgang zu begreifen, durch den die verhältnismäßig abgeschlossene, traditionsgebundene Welt deutscher Juden durch modernere Lebensmuster ersetzt wurde, haben manche Wissenschaftler (insbesondere Azriel Schohat) postuliert, dass sich bereits über ein Jahrhundert vor Moses Mendelssohn (1729-1786) ein allmählicher Niedergang der Bindungskraft von Traditionen abzuzeichnen begonnen habe. Schohat und andere erkennen demnach weniger einen plötzlichen Umbruch, als vielmehr einen deutlich langwierigeren Prozess, der das deutsche Judentum in eine Gemeinschaft verwandelte, die sich zunehmend mit nichtjüdischer Kultur identifizierte, zugleich viele althergebrachte religiöse Praktiken fallen ließ und traditionelle Überzeugungen änderte. Mit Blick auf Predigten und andere aus dem späten 17. und frühen 18. Jahrhundert überlieferte Schriften aus dem deutschen Raum verweist Schohat darauf, dass Klagen über Nachlässigkeit und schwindende Gläubigkeit zugenommen haben. Angeführt werden in der Literatur eine laxe Ritualpraxis, ein Rückgang der Askese und die Verbreitung eines luxuriösen Lebensstils sowie zunehmender gesellschaftlicher Verkehr mit Nichtjuden, nachlassende Sexualmoral und eine größere Akzeptanz gegenüber der nichtjüdischen Welt. Unter den einschlägigen

Beispielen finden sich Juden (insbesondere auf dem Lande) die mit Nichtjuden unkoscheren Wein getrunken und mit diesen Tanzvergnügen und Wirtshäuser besucht haben, sowie jüdische Männer, die ihre Bärte rasiert und Perücken getragen haben. Gewiss war eine nachlässige Haltung gegenüber der jüdischen Religion weit verbreitet und vielleicht sogar im Anwachsen begriffen, doch unterscheidet sich dies in mehrfacher Hinsicht von dem späteren Bruch mit der Tradition im 19. Jahrhundert. Zunächst einmal ist unbekannt, wie die Grundzüge traditionellen jüdischen Lebens vormals ausgesehen haben mögen. Waren diese Abweichungen von einer strengen religiösen Norm und Praxis eine Neuerung der frühen Neuzeit oder waren solche Abweichungen immer schon Teil jüdischen Daseins und Gegenstand der Kritik religiöser Autoritäten? Außerdem stammen die meisten der genannten Beispiele aus dem ländlichen Raum, während sich der Traditionsbruch im 19. Jahrhundert vor allem in städtischen Gemeinden zeigte. Und nicht zuletzt wurde zwar in Predigten und andere Schriften durchaus manches »Fehlverhalten« wie der Genuss unkoscheren Weins oder das Öffnen von Briefen am Sabbat moniert; keineswegs jedoch wurde eine verbreitete völlige Abkehr von traditionellen Sabbat- und Speisegesetzen erörtert. Mithin kann allenfalls davon die Rede sein, das sich das Gefüge traditionsgebunden Lebens etwas abgenutzt hatte, doch gab es bis zu einem relativ späten Zeitpunkt keine Anhaltspunkte dafür, dass die Tradition in Gänze verworfen worden wäre.

Die Verbreitung der Aufklärung im Deutschland des 18. Jahrhunderts hatte Auswirkungen sowohl auf äußere als auch auf innere Aspekte des jüdisch-religiösen Lebens. Im Unterschied zu den französischen verwarfen die meisten deutschen Aufklärungsphilosophen das Christentum nicht vollkommen; vielmehr betonten sie dessen rationale und ethische Aspekte gegenüber bestimmten Dogmen über das Wesen der Dreieinigkeit oder die ewige Verdammnis der Sünder. Mystische oder emotionale Aspekte der Religion wurden selbst von führenden Köpfen der in den meisten Teilen Norddeutschlands dominierenden Lutherischen Kirche heruntergespielt. In einer solchen Atmosphäre, in der unter aufklärerischen Denkern die Rede von einer »natürlichen Religion« zum Allgemeinplatz geworden war, und religiös begründete Verfolgung als barbarisches Überbleibsel der Vergangenheit erachtet wurde, konnte auch die Stellung der Juden in neuem Licht betrachtet werden. Hatten sie eine angemessen aufklärerische Erziehung genossen, waren Juden (zumindest theoretisch) nun selbst in der Lage, mit Nichtjuden über intellektuelle Fragen allgemeiner Art zu debattieren, ohne dass die Diskussion sogleich in ein Streit über die Göttlichkeit Jesu umschlagen musste. Obwohl sich deutsche Aufklärungsdenker weigerten, Juden nur wegen ihres Glaubens abzulehnen, standen sie jedoch der Mehrheit der Juden weiterhin kritisch gegenüber und hielten sie für rückständig, ungebildet, abergläubisch oder unredlich.

Das bahnbrechende Werk und der Einfluss Moses Mendelssohns wurden allein vor dem Hintergrund einer Vorherrschaft der Aufklärung möglich. Mendelssohns Werdegang lenkt die Aufmerksamkeit sowohl auf soziale und intellektuelle Aspekte des Eintritts der Juden in die deutsche Kultur als auch auf Auswirkungen auf deren Selbstdefinition. Von vielen Nachfolgenden wurde sein Lebensweg als musterhaft für einen Übergang in die westliche Gesellschaft angesehen; zugleich lieferte er den Stoff für völlig unterschiedliche Deutungen. Mendelssohn kam 1743 im Alter von vierzehn Jahren als armer Talmudstudent nach Berlin. Zu dieser Zeit war die Stadt bereits das Zentrum der deutschen Aufklärung. Die jüdische Gemeinde mit zwei- bis dreitausend Angehörigen bildete jedoch noch nicht den Dreh- und Angelpunkt des deutschen Judentums, zu dem sie in den folgenden eineinhalb Jahrhunderten werden sollte. Mendelssohn erlernte Hochdeutsch sowie das Lesen und Schreiben anderer Sprachen im Selbststudium – ein Unterfangen, bei dem er sich nicht nur ein neues Alphabet aneignen, sondern auch seinen heimischen jiddischen Dialekt ablegen musste. Sozial wie intellektuell wurde er in den Aufklärungszirkel um Gotthold Ephraim Lessing (1729-1781) aufgenommen, und er begann, für mehrere der führenden intellektuellen Zeitschriften seiner Zeit Beiträge zu verfassen. Zeitlebens hielt er daran fest, persönlich das traditionelle jüdische Ritual auszuüben;

zudem unterhielt er zur jüdischen Gemeinde Berlins enge Verbindungen. Die Zahl derjenigen Juden, die sich seinerzeit in der deutschen Kultur intellektuell engagierten, blieb zwar gering, doch gab es in Berlin eine wachsende Gruppe wohlhabender jüdischer Familien, die äußere Formen des Auftretens und der Kultiviertheit deutscher Patrizier in ihren Lebensstil aufgenommen hatten. Sie begrüßten Mendelssohns Fähigkeit, mit der nichtjüdischen Welt in Kontakt zu treten; Ehrungen und Ehrenämter wurden ihm auch vonseiten der jüdischen Gemeinde angetragen. Bis zur berühmten Herausforderung durch den Brief Johann Kaspar Lavaters aus dem Jahr 1769 scheint Mendelssohn kaum einen Gegensatz zwischen seiner traditionell-jüdischen Lebensweise und seiner intellektuellen Anbindung an die deutsche Aufklärung empfunden zu haben. Lavaters Aufforderung, das Christentum zu widerlegen oder ihm beizutreten, brachte Mendelssohn dazu, genauer darüber nachzudenken, wie er an den Maßgaben der natürlichen Religion festhalten könne, ohne weder Christ zu werden noch das traditionelle Judentum aufzugeben. In *Jerusalem* (1783) gelangte Mendelssohn zu dem Schluss, das Judentum kenne keine Dogmen und all seine Überzeugungen stünden im Einklang mit der natürlichen Religion. Das Judentum verfüge allerdings, so meinte er, über ein göttlich offenbartes Gesetz, welches allein für das jüdische Volk bindend sei. Es diene als eine »*Schriftart*«, die den Juden helfe, sich an die grundlegenden Prinzipien der Religion zu erinnern. Diese Formulierung, derer Mendelssohn sich bediente, um das philosophische Problem einer Vereinbarkeit von traditioneller Praxis und aufklärerischer Vernunft zu lösen, fand in den folgenden Generationen nur wenige Anhänger. Viele der selbsternannten Nachfolger lehnten Mendelssohns Rechtfertigung der bindenden Natur des Zeremonialgesetzes ab. Manche behaupteten gar, er habe das Gesetz nur verteidigt, um den Frieden mit rabbinischen Autoritäten zu bewahren. Einige Wissenschaftler vertreten demgegenüber die Auffassung, Mendelssohns »Jünger« hätten ihn lediglich als Symbolfigur für den Eintritt in die europäische Gesellschaft benutzt, aber faktisch seine wichtigste Lehrmeinung nicht anerkannt und sich stattdessen einer radikalen Richtung zugewandt, die Mendelssohn seinerseits abgelehnt haben würde.

Vermutlich hatte Mendelssohns *Jerusalem*, das sich in erster Linie an ein nichtjüdisches Publikum richtete, auf die jüdische Gemeinschaft einen geringeren unmittelbaren Einfluss als sein anderes Vorhaben aus der Zeit nach 1770: die Übersetzung der Bibel. Die von ihm angefertigte Übertragung der fünf Bücher Mose ins Hochdeutsche (in hebräischer Schrift), die mit einem hebräischen Kommentar (Biur) versehen war, erschien zwischen 1778 und 1783. Mit genau dieser Arbeit jedoch weckte er den Zorn vieler führender deutscher Rabbiner, von denen einige versuchten, das Werk zu verbieten. Über den recht moderaten Biur waren sie wahrscheinlich weniger aufgebracht; erzürnt haben dürfte sie eher, dass ausgerechnet eine Bibelübersetzung für traditionsbewusste Juden zum Vehikel werden könne, Hochdeutsch zu lernen und nichtjüdische Bücher zu lesen. Verstärkt wurden derlei Befürchtungen noch durch das 1781 von Mendelssohns Mitaufklärer Hartwig Wessely (1725-1805) publizierte Werk *Diwre Schalom we-Emet* (Worte des Friedens und der Wahrheit), in dem sich Wessely für eine durchgreifende Reform der jüdischen Bildung aussprach: Säkulare Kultur und Moral sollten Vorrang genießen, während das Studium der heiligen Texte allein älteren Studenten vorbehalten bleiben solle, die bereits eine weltlich orientierte Bildung genossen hatten. Die Polemiken über Mendelssohns Bibelübersetzung und Wesselys Bildungsstreitschriften bildeten das erste Gefecht im Konflikt zwischen rabbinischen Autoritäten und jüdischen Aufklärern – eine Auseinandersetzung, die sich nach Mendelssohns Tod erheblich verschärfen sollte.

Die politische Emanzipation als Wendepunkt

Die gemeinhin als Judenemanzipation bekannte Umgestaltung veränderte nicht nur vollends die Beziehungen zwischen christlicher Mehrheit und den Juden, sie verwandelte ebenso grundsätzlich die Art und Weise, wie Juden sich selbst und ihre Identität wahrnahmen. Das voremanzipatorische Raster, wonach die Juden als eine eigene Nation zu betrachten seien, zwar in eigenständigen Gemeinschaften lebten, aber nur einem niederen Status angehörten, sollte ersetzt werden. Von den Juden wurde nun erwartet, Mitglieder derjenigen Nation zu sein, in der sie lebten; sie sollten die jeweilige Mehrheitskultur teilen, dem Gesetz wie jeder andere auch unterworfen sein sowie loyal zu Staat und Nation stehen. Den Juden müsse »als Nation alles verweigert, als Individuen aber alles gewährt werden.«[1] Integration sollte Segregation ersetzen, und Juden sollten gleiche Rechte erhalten, zugleich aber alle »besonderen Privilegien« aufgeben, die sie besessen hatten. Zumindest anfangs handelte es sich hierbei um eine politische Umgestaltung von oben, zu der die breite Mehrheit der Juden nicht viel beigetragen hatte. Tatsächlich dürfte es viele »einfache Juden« eher verwirrt haben, dass manches, was einst verboten gewesen war, jetzt erlaubt sein sollte, während einige früher zulässige Dinge, nun untersagt waren.

Der Anstoß für die Emanzipation kam zum Teil von den egalitären Ideen der Aufklärung, wonach »alle Männer« gleich erschaffen seien – ein Gedanke, der schließlich die Frage aufgeworfen hatte: »Und was ist mit den Juden?« Aufgeklärte Denker konnten eine Diskriminierung, die einzig und allein auf dem religiösen Bekenntnis gründete, nicht rechtfertigen (obwohl viele weiterhin rechtliche Maßnahmen gegen Juden befürworteten, die anderweitig begründet wurden). Der Schwerpunkt der Diskussion über den Status der Juden verlagerte sich von der religiösen Ebene auf eine, die an der Zweckdienlichkeit und der Staatsräson orientiert war. Nun ging es ausdrücklich um die Frage: »Wie können Juden nützlichere Glieder der Gesellschaft werden?« Wahrscheinlich jedoch war die Aufklärung weniger wirkmächtig als die allgemeine, politische und soziale Umwälzung in Mittel- und Westeuropa von der Ständegesellschaft zu einer Gesellschaft gleichgestellter Staatsbürger. Ein Aspekt dieser Transformation war die Ausbrei-

1 Diese Formulierung nutzte Stanislas de Clermond-Tonnerre in einer Debatte der französischen Nationalversammlung am 23. Dezember 1789.

tung der Macht des absolutistischen Staates im 17. und 18. Jahrhundert, ein anderer die Französische Revolution und die allmähliche Abschaffung des Feudalwesens in Mitteleuropa im frühen 19. Jahrhundert. Wenn alle Angehörigen einer Gesellschaft unter einheitliche Gesetze eines Staates fallen sollten, dann wäre eine Sonderstellung der Juden eine Anomalie. Wie Bauern, Adelige und andere Gruppen mit einem besonderen Status waren auch die Juden dem jeweiligen Landesrecht unterzuordnen – weniger um ihrer selbst willen, als vielmehr zugunsten von Staat und Gesellschaft insgesamt.

Christian Wilhelm von Dohms Abhandlung *Über die bürgerliche Verbesserung der Juden* eröffnete 1781 eine leidenschaftliche Diskussion über die politische Integration der Juden in die Gemeinwesen der deutschen Länder. Obwohl Dohms Schrift den Juden gegenüber verhältnismäßig wohlgesonnen war, rückte sie die Debatte über die Gewährung von Bürgerrechten für Juden in den Zusammenhang einer Lösung des sozialen Problems, das diese angeblich darstellten. Dohm räumte zumindest der Diskussion zuliebe ein, dass Juden wirtschaftlich und gesellschaftlich schädliche Eigenschaften besaßen, sprach aber die jüdische Religion von jeder Schuld für diese Fehler frei. Stattdessen führte er negative Eigenschaften auf die Verfolgung durch die Christen zurück und behauptete, dass die Abschaffung von Einschränkungen auch jüdische Mängel beseitigen würde. Vielleicht mit etwas staatlicher Hilfe, so glaubte er, würden Juden ihre Abneigung gegenüber Nichtjuden ablegen und ein ähnliches sozialökonomisches Profil annehmen, wie der Rest der Bevölkerung. Die nachfolgenden Diskussionen über jüdische Rechte kreisten über ein halbes Jahrhundert lang um die Frage, ob die Emanzipation dazu beitragen könne, Juden in »bessere und nützlichere« Glieder der Gesellschaft zu verwandeln oder ob solch eine Veränderung unmöglich sei. Kaum jemand in Deutschland vertrat die Auffassung, dass Juden selbst dann gleiche Rechte erhalten sollten, wenn sie so blieben, wie sie waren.

Dohms bekanntester Gegner, der Göttinger Bibelgelehrte Johann David Michaelis (1717-1791), behauptete hingegen, dass es gerade die jüdische Religion sei, die Juden vom Rest der Bevölkerung separiere und unterscheide. Als religiöse Hindernisse für eine Integration der Juden verwies er insbesondere auf jüdische Rituale wie etwa die Vorschriften über koschere Speisen und auf den jüdischen Glauben an die Rückkehr der Juden nach Palästina nach Kommen des Messias. Die Emanzipationsdebatte insgesamt warf Fragen über viele Aspekte jüdischer Identität und Religion auf. Dabei bestand einer der Grundzüge der Diskussion darin, jene Aspekte des Judentums freizustellen, die als Gewissensangelegenheit oder (nach christlicher Definition) als »rein religiös« galten, aber jene Aspekte, die als »national« galten, für unvereinbar mit der Integration der Juden in die staatliche Ordnung zu erklären. Dies setzte die jüdische Führungsschicht unter Druck, religiöse von nationalen Gesichtspunkten zu scheiden, die zuvor völlig miteinander verschmolzen waren. Zu den Elementen des Judentums, die nun als national (oder staatlich) kritisiert wurden, zählten der Glaube an den Messias, an die Wiedererrichtung des Tempels in Jerusalem und an die Heimkehr des jüdischen Volkes nach Palästina sowie der Gebrauch des Hebräischen als Gebetssprache und die Existenz rabbinischer Gerichte mit Exkommunikationsbefugnis. Das zuvor gehegte Gefühl der Solidarität der Juden in aller Welt als ein eigenständiges Volk wurde nun zum Problem, da von Juden erwartet wurde, zuallererst dem Staat gegenüber loyal zu sein und keine Loyalitätsgefühle über dessen Grenzen hinweg zu unterhalten. Der »Emanzipationsprozess« kann als Vorgang betrachtet werden, Juden und Nichtjuden dem selben Landesrecht unterzuordnen. Die frühere Prämisse, dass Juden nach ihrem eigenen Recht abgeurteilt werden konnten, sollte nicht länger gelten. Jüdisch-religiöse Bräuche, die die Pflichten gegenüber dem Staat zu beeinträchtigen schienen, wurden von der Obrigkeit nicht mehr toleriert. Sollten Juden in die Armee aufgenommen werden, würden Sabbath- und Speisevorschriften Hindernisse darstellen; und sollten sie ins Schulsystem eingegliedert werden, was würde dies für die Anwesenheitspflicht an Samstagen und an jüdischen Feiertagen bedeuten?

Mit der Aussicht auf einen besser integrierten und freieren politischen Status erhöhte sich der Einsatz derjenigen Juden (die meisten von ihnen Angehörige der wirtschaftlichen Eliten der großen Städte), die verschiedene Aspekte der traditionellen jüdischen Religion in Frage stellten. Das jüdische »Zeremonialgesetz« war nun nicht mehr nur ein Gegenstand rein theoretischer oder philosophischer Debatten. Jetzt ging es darum, in welchem Ausmaß die jüdische Ritualpraxis der sozialen und gerade der politischen Integration im Wege stand. Ohne Mendelssohns mäßigenden Einfluss verschärften tonangebende Vertreter der jüdischen Aufklärung (Haskala) ihre satirischen Angriffe auf rabbinische Glaubensartikel und Führungsfähigkeit. Eine immer größere Zahl von Juden, vor allem in Berlin, gab im Alltag die Befolgung der Speise- und Sabbatvorschriften auf. (Um 1814 herum kaufte in Berlin weniger als die Hälfte der jüdischen Familien noch koscheres Fleisch.) David Friedländer (1750-1834), führender Kopf der ersten Kampagne für die Judenemanzipation in Preußen nach dem Tod Friedrichs des Großen (1786), war zugleich – und keineswegs zufällig – einer der lautstärksten Kritiker traditionsverhafteten jüdischen Brauchtums und Glaubens. Zumindest in Berlin waren bereits in den frühen 1790er Jahren die Frontlinien zwischen den Befürwortern einer »Reform« der jüdischen Rechtsstellung und den traditionalistischen Gegnern eines rechtlichen wie religiösen Wandels klar gezogen. Einige Angehörige der Elite schwankten allerdings noch, ob sie sich für die Emanzipation aller preußischen Juden einsetzen oder nur um gesonderte Gewährung der Bürgerrechte allein für die Mitglieder der eigenen Familien ersuchen sollten.

In den zwei Jahrzehnten nach Mendelssohns Tod befand sich die modernisierende Elite in Berlin und in wenigen anderen preußischen Städten in einer bis dahin beispiellosen Lage. Politische Emanzipation war versprochen, aber noch nicht gewährt worden. Viele Familien hatten zwar die meisten Ritualpraktiken des traditionellen Judentums aufgegeben, wurden aber nach wie vor als Juden betrachtet. Da in den Augen vieler Juden wie auch Nichtjuden die Abkehr von der Halacha (dem jüdischen Religionsgesetz) gleichbedeutend war mit dem Abschied von »der Religion der Vorväter«, befanden sich diese Familien in einer Art Niemandsland. In genau dieser Situation lassen sich zahlreiche Konversionen zum Christentum von Angehörigen der Familien aus der jüdischen Oberschicht in Berlin ausfindig machen. Dazu gehört auch der verblüffende, offene Brief, den Friedländer 1799 anonym an das Oberhaupt der protestantischen Kirche in Berlin, Probst Wilhelm Abraham Teller (1734-1804), richtete. Im Sinne Mendelssohns hielt Friedländer in diesem Schreiben die Behauptung aufrecht, dass die Glaubenswahrheiten des Judentums die selben seien wie die der natürlichen Religion. Anders jedoch als Mendelssohn sprach er dem Zeremonialgesetz jede Rationalität oder Werthaltigkeit ab und verwarf zudem den jüdischen Glauben an einen heilsbringenden Messias. All dies als eine Abkehr von der Religion der Vorväter darstellend, fuhr der Autor mit der Frage fort, ob die von ihm vertretene Gruppe der Kirche beitreten könne, wenn sie sich zwar dem Taufzeremoniell unterziehe, die christlichen Dogmen aber nicht anerkennen würde. Ob Friedländer tatsächlich mit dem Gedanken an Konversion gespielt hat, ist hier von geringerer Bedeutung. Weit wichtiger ist der Umstand, dass Juden, die sich vom überlieferten Brauchtum abwandten, über keine alternative Vorstellung von einem Judentum jenseits der Tradition verfügten. Ohne eine solche Alternative wurden die Grenzlinien recht vage: Bedeutete bereits eine Abkehr von der jüdischen Ritualpraxis den Austritt aus dem Judentum, war erst die Konversion der entscheidende Punkt oder gab es dazwischen noch einen Schritt, mit dem man die jüdische Gemeinschaft verließ? Für diejenigen, die traditionelle Praktiken verwarfen, boten erst die später entwickelten liberalen Formen des Judentums eine Möglichkeit, sich selbst dennoch eher innerhalb als außerhalb der jüdischen Gemeinschaft zu verorten.

In der langen Zeitspanne der Diskussion und allmählichen Emanzipation, die sich von den 1780er Jahren bis zur Vereinigung Deutschlands 1871 erstreckte, blieb der Konnex zwischen dem Erwerb bürgerlicher Rechte und der Änderung des jüdischen Rituals durchweg offenkundig. Einst rein innerjüdische Fragen riefen jetzt das Interesse und die Einmischung von Regierungsbeamten, Gesetzgebern und größeren Teilen der gebildeten nichtjüdischen Öffentlichkeit hervor. Regierungen erachteten es nun als ihre Zuständigkeit, sich mit Angelegenheiten der jüdischen Religion zu befassen; diese reichten von so umfassenden Vorschlägen wie einer Verlegung des jüdischen Sabbat von Samstag auf Sonntag, bis hin zu solch spezielleren Streitfragen, ob jüdische Schüler samstags im Unterricht vom Schreiben befreit werden sollten. Da in fast keinem der deutschen Länder eine Trennung von Staat und Kirche gegeben war, stand wiederholt zur Debatte, ob die jeweilige Obrigkeit im Falle einer Gleichstellung der Juden die jüdische Religion ignorieren oder etwas ähnliches wie eine jüdische Staatskirche einrichten solle. Häufig wählten liberalere Länder wie Baden und Württemberg letztere Lösung, während konservative Länder wie Preußen eine eher zurückhaltende Politik gegenüber der jüdischen Gemeinschaft beibehielten.

Das Aufkommen jüdischer Religionsrichtungen: Die Reformbewegung bis 1850

Die Anfänge des Reformjudentums

Im 18. Jahrhundert waren die meisten Diskussionen über eine geänderte Rechtsstellung der Juden in Deutschland ebenso rein theoretisch geblieben, wie die Debatten über mögliche Veränderungen in der jüdischen Religion. Erst die Ausweitung französischer Herrschaft unter Napoleon brachte in vielen Teilen Deutschlands echte Änderungen der Stellung der Juden mit sich. Ab 1806 dominierte Napoleons Frankreich einen Großteil des deutschsprachigen Europas, und große Teile im Westen Deutschlands waren Frankreich eingegliedert worden. Im Kontext dieser napoleonischen Invasionen und ihrer Nachwirkungen begann erstmals eine jüdische Reformbewegung in Erscheinung zu treten. Fragen von politischer Emanzipation und jüdischer Religionsreform blieben in der gesamten erste Hälfte des 19. Jahrhunderts miteinander verknüpft. Die meisten deutschen Juden schwebten irgendwo zwischen einem Status des 18. Jahrhunderts und völliger Emanzipation. Mithin blieb heftig umstritten, welche religiösen Schritte Juden unternehmen sollten und welche nicht, um den unausgesprochenen Forderungen des »Emanzipationsvertrags« gerecht zu werden.

Obwohl das französische Modell ursprünglich gleiche politische Rechte ohne Bedingungen gewährte, stellte Napoleon infrage, ob sich die Juden in Frankreich wahrhaft integrierten und ob bedingungslose Emanzipation ein guter Einfall sei. Bei der Einberufung einer jüdischen Notabelnversammlung und dann eines »Sanhedrin« (»Hoher Rat«, 1806-1807) legte Napoleon den jüdischen Delegierten eine Reihe von Fragen vor, mit denen ermittelt werden sollte, ob sich die Juden als eine eigene Nation verstehen oder gänzlich dem französischen Recht unterordnen wollten. Diesem Ziel verpflichtet waren Fragen nach der rabbinischen Jurisdiktionsgewalt sowie danach, ob Juden sich selbst als Franzosen betrachteten, ob sie in der Armee dienen und sich nach dem französischem Gesetzbuch richten würden. Die Frage, ob das jüdische Recht Mischehen mit Christen verbiete, verwies dabei am nachdrücklichsten auf das Problem, ob Juden bereit waren, in der Mehrheitsgesellschaft aufzugehen. Allesamt machten diese Fragen deutlich, in welchem Umfang Aspekte der politischen Transformation des jüdischen Status und der religiösen Beschaffenheit des jüdischen Rechts miteinander verflochten waren.

Der enge Zusammenhang zwischen religiösem und politischem Wandel war gleichfalls im neu geschaffenen Königreich Westphalen erkennbar, in dem Napoleons jüngster Bruder Jérôme herrschte. Westphalen gewährte Juden nicht nur volle politische Gleichstellung, sondern richtete zudem 1808 (nach protestantischem und napoleonisch-französichem Vorbild) ein zentrales Konsistorium ein, um Funktionen jüdischer Gemeinden – darunter auch religiöse – zu zentralisieren. Unter der Leitung von Israel Jacobson (1768-1828) kontrollierte das westfälische »Konsistorium der Israeliten« die lokalen Gemeinden und gab Anweisungen über Form und Schicklichkeit von Gottesdiensten sowie über die Aufgaben religiöser Amtsträger heraus. Der Versuch, im gesamten neuen Königreich einheitliche Regelungen durchzusetzen, sorgte für einige Änderungen in der jüdischen Ritualpraxis. Dazu gehörten Anstandsregeln, die viele althergebrachte Gewohnheiten unterbanden, die Einführung eines Konfirmationsgottesdienstes sowie die Erlaubnis, an Pessach Bohnen und andere Hülsenfrüchte verzehren zu dürfen. Weitaus einschneidendere Veränderungen initiierte Präsident Jacobson persönlich mit der von ihm in der Kleinstadt Seesen aufgebauten Schule und Synagoge. Der 1810 geweihte Seesener Tempel[2] verfügte über eine Orgel und einen Glockenturm; der Gottesdienst schloss Chorgesang, eine deutsche Predigt und einige Gebete auf Deutsch ein. Der Sturz Napoleons beendete allerdings die Bemühungen des

[2] Zur neuen Verwendung des Begriffs »Tempel« als Bezeichnung für Synagoge siehe Kapitel 4, S. 2-3.

westfälischen Konsistoriums, das abgeschafft wurde (der Seesener Tempel blieb hingegen bestehen).

Jacobson selbst zog nach Berlin und richtete dort bald ebenfalls einen Tempel ein. Im ersten Gottesdienst wurde 1815 die Bar Mitzwa seines Sohnes gefeiert. Der Beer-Jacobson[3] Tempel war als privat unterhaltene Institution offiziell nicht Teil der jüdischen Gemeinde (Kehilla) von Berlin. Der Gottesdienst fand im Hause Jacob Beers statt und zog bis zu 400 Gläubige an. Männer und Frauen saßen in getrennten Räumen, aber einander zugewandt. Die Andacht wurde überwiegend auf Hebräisch gehalten, schloss jedoch manche deutschsprachigen Gebete und eine Orgelbegleitung ein. Deutsche Predigten waren regelmäßig Teil des Sabbatgottesdienstes. Für den Tempel wurde eine neues Gebetbuch zusammengestellt, in dem einige der Gebete fehlten, mit denen Gott angerufen wurde, sein Volk zurück nach Zion zu geleiten. Verglichen mit Vorschlägen, die David Friedländer im Jahr 1812 unterbreitet hatte (als die preußische Regierung ihren Juden das Bürgerrecht gewährte), war der Beer-Jacobson-Tempel relativ gemäßigt. Dennoch rief er aufseiten der Traditionalisten erheblichen Widerstand hervor. Einen mächtigen Verbündeten fanden die jüdischen Traditionalisten Berlins in König Friedrich Wilhelm III., der persönlich Einwände gegen den neuen privaten Gottesdienst erhob. Nachdem mehrere Versuche gescheitert waren, die Kontroverse beizulegen, erteilte der König im Dezember 1823 den Befehl, den Tempel zu verbieten und anzuordnen, dass »*der Gottesdienst der Juden nur in der hiesigen Synagoge und nur nach dem hergebrachten Ritus ohne die geringste Neuerung in der Sprache und in der Ceremonie, Gebeten und Gesängen, ganz nach dem alten Herkommen gehalten werden solle.*« Diese Regierungsverfügung machte religiöse Innovationen in Preußen bis in die späten 1830er Jahre illegal. Dass die preußische Regierung zur selben Zeit, wie sie gegen das frühe Reformjudentum vorging, außerdem versuchte, die Rechte der preußischen Juden einzuschränken und sie zur

3 Jacobsons Partner in der Leitung des Tempels war Jacob Herz Beer (1769-1825), ein wohlhabender Zuckerfabrikant und Vater des Komponisten Giacomo Meyerbeer.

Konversion zum Christentum zu ermutigen, war kein Zufall. Der König war überzeugt davon, dass das Christentum insbesondere dann für Juden attraktiver würde, wenn ihre einzige Alternative zum Übertritt in strengster Befolgung der jüdischen Tradition bestehe.

In Hamburg, der damals größten jüdischen Gemeinde in Deutschland, wurde ungefähr zur selben Zeit wie der Berliner Tempel ebenfalls ein jüdischer Tempelverein gegründet. Der Hamburger Tempel, der sich einer 120-jährigen Existenz erfreuen sollte, folgte ähnlichen Mustern wie der Berliner. Auch hier gab man ein eigenes Gebetbuch heraus, in dem einige Gebete in deutscher Sprache enthalten waren, wohingegen manche der traditionellen Gebete fehlten. Die Änderungen betrafen meist Gebete für die Rückkehr der Juden nach Zion, für die Ankunft des Messias und für den Wiederaufbau des Jerusalemer Tempels – also allesamt solche, die dem politischen und sozialen Ringen um Integration in die deutsche Gesellschaft zu widersprechen schienen. Im Hamburger Tempel gab es ebenfalls eine Orgel, Konfirmationen und regelmäßige Predigten, die von den beiden ständigen *Predigern* des Tempels, Eduard Kley (1789-1867) und Gotthold Salomon (1784-1857) gehalten wurden. Als die hamburgische Regierung sich weigerte, den Tempel zu verbieten, verhängte das jüdische Religionsgericht (Beth Din) einen Bann gegen den Tempel. Dies entfachte einen überwiegend in hebräischer Sprache ausgetragenen Flugschriftenkrieg. Die führenden Rabbiner Mitteleuropas (Deutschlands, Italiens und Ungarns) attackierten das Hamburger Gebetbuch als ketzerisch und erklärten, der Gottesdienst im Tempel verletze jüdisches Recht. Nur einige wenige Rabbiner aus Italien und Ungarn verteidigten den Tempel als zulässig. Der Hamburger *Tempelstreit* von 1818 bildete zwar die erste breit geführte Diskussion über die Frage von Reformen im Judentum, doch verblieb die Debatte auf einem recht einfachen Niveau. Gegner des Tempels nutzten im Allgemeinen ihre unbedingte Autorität als Rabbiner, um die Neuerungen pauschal zu verdammen, während seine Verteidiger eine ad hoc-Strategie verfolgten und behaupteten, dass die jüdische Tradition ihre Innovationen zulasse. Letztere zitierten talmudische Quellen, wonach Gebete in jeder Sprache erlaubt seien, und sie nahmen Musikinstrumente des biblischen Tempels als Präzedenzfall für die Zulässigkeit der Orgelnutzung in Anspruch. Oftmals erklärten sie, lediglich den Missbrauch zu beseitigen, der sich im Mittelalter »ins Judentum eingeschlichen« habe, und eine reinere, ältere Form ihrer Religion wiederherzustellen. Mit einer umfassende Ideologie zur Rechtfertigung religiöser Erneuerung konnten sie bis dahin noch nicht aufwarten.

Die Entstehung einer geringen Anzahl städtischer Reformtempel, von denen einige die 1820er Jahre nicht überdauerten, war nur ein Aspekt dessen, was später als voll entwickelte liberal-jüdische Bewegung in Erscheinung treten sollte. Während die allerdings nur wenigen Tempel recht radikal waren, vollzogen viele andere Gemeinden eher allmähliche Änderungen, zu denen sie gelegentlich durch die Regierung ermutigt wurden. Um neue obrigkeitliche Vorgaben hinsichtlich einer säkularen Bildung für Juden erfüllen zu können, wurden überall in Deutschland neue jüdische Schulen gegründet. Manche davon führten eigene, nichttraditionelle Gottesdienste ein, die bisweilen auch von Erwachsenen besucht wurden. In den 1820er und 1830er Jahren erließ eine große Anzahl von Gemeinden Synagogenordnungen, die relativ unumstrittene Änderungen in die Liturgie einführten und ein größeres Maß an Schicklichkeit verlangten (s. unten, S. 32-33). Einige deutsche Länder versuchten, zu verlangen, dass Rabbiner eine weltliche Bildung erwarben oder dass zumindest jemand regelmäßig auf Deutsch predigte. Da nur wenige der älteren Rabbiner in der Lage waren, diesen Anforderungen zu genügen, engagierten manche Gemeinden junge, weltlich gebildete Männer als Prediger in den Synagogen.

Im Anfangsstadium war es charakteristisch für die religiöse Reformbewegung, dass sie von wohlhabenden Laien angeführt wurde, von denen sich einige eine gute weltliche Bildung angeeignet hatten. Rabbiner, die Reformen gegenüber aufgeschlossen waren, gab es bis dahin nur wenige, und viele Erneuerer betrachteten die zeitgenössische rabbinische Führungsschicht schlicht als Gegner. Die frühen Reformer wirkten auf zwei unterschiedlichen Ebenen. In den städtischen Tempeln beseitigten neue Gebetbücher zumindest einige der traditionellen Gebete für eine Rückkehr ins Heilige Land, die im Widerspruch standen zur Hoffnung auf die Bürgerrechte, aber auch zur wachsenden Identifikation mit deutscher Nation und Kultur. Man lehnte es ab, weiterhin für etwas (wie die Rückkehr nach Zion) zu beten, was nicht länger als erstrebenswert galt. Die zweite Ebene religiöser Erneuerung, der Drang nach einer anständigen und respektablen Atmosphäre im Gottesdienst, mag zwar auf den ersten Blick als nebensächlich und oberflächlich erscheinen, doch zeigte sich hierin ebenfalls ein bedeutender Bewusstseinswandel. Im traditionellen Judentum bildete der Gottesdienst in der Synagoge lediglich eine unter vielen religiösen Handlungen, die im Gehorsam gegenüber Gott ausgeführt wurden. So war es für Männer eher religiöse Verpflichtung, denn dringliche Herzensangelegenheit, drei Mal am Tag zu beten. Je stärker Juden jedoch unter den Einfluss christlicher Vorstellungen darüber gerieten, was Religion eigentlich ausmache – hauptsächlich in der Kirche angesiedelte Kommunikation mit Gott, Anhörung des Wortes Gottes und persönliche Erbauung –, desto mehr empfanden sie den traditionellen jüdischen Gottesdienst als unzureichend. Dies traf besonders für eine Minderheit unter den Juden zu, die es bereits aufgegeben hatte, Sabbat- und Speisegesetze sowie viele andere tägliche Bräuche zu befolgen, und für die nun der Sabbatgottesdienst zum Zentrum religiösen Erlebens geworden war. Aufgrund gestiegener Erwartungen an eine *Erbauung* im Gottesdienst empfanden diese vieles als unbefriedigend, was sie in der traditionsgebundenen Synagoge wahrnahmen. Statt der hebräischen Andacht, die viele schon nicht mehr verstehen konnten, wollten sie eine Predigt und einige Gebete auf Deutsch; anstatt jeden Einzelnen laut und in eigenem Tempo beten oder sich mit seinen Nachbarn unterhalten zu lassen, wollten sie die weihevolle Atmosphäre eines christlichen Gotteshauses nachahmen. Obwohl es sicherlich Teil ihrer Motivation gewesen ist, die Mehrheitskultur zu imitieren und in der Synagoge bürgerliche Normen zu etablieren, waren sie zugleich aber auch getrieben von echtem Verlangen nach einer innerlicheren religiösen Erfahrung.

Die Entstehung einer ideologischen Reform

Der Mangel an rabbinischer Führung in der frühen Reformbewegung resultierte zwangsläufig aus der Ausbildung der breiten Mehrheit damaliger Rabbiner, die ausschließlich im Studium des Talmud und des rabbinischen Rechts geschult worden waren. Ihre Pflichten beschränkten sich in der Regel darauf, Angelegenheiten nach religiösem Gesetz zu entscheiden und den Talmud zu unterrichten. Zu predigen oder den Gottesdienst in der Synagoge zu leiten, war nicht Teil ihrer normalen Aufgaben. Die meisten Rabbiner sprachen lediglich Jiddisch und waren nur wenig bis gar nicht weltlich gebildet. Dieser Zustand begann sich zusammen mit der Natur der rabbinischen Profession zu wandeln. So verloren Rabbiner mit der Abschaffung der Rabbinatsgerichte im Gefolge der ersten Welle der Emanzipationsgesetze eine ihrer wichtigsten traditionellen Funktionen. Außerdem gaben viele deutsche Länder nach 1815 Vorschriften über die Qualifikationen von Rabbinern heraus, die eine fortgeschrittene säkulare Bildung verlangten und manchmal sogar eine von Rabbinern zu absolvierende Prüfung festlegten. Die ältere Rabbinergeneration war kaum in der Lage, diese Anforderungen zu erfüllen. In den meisten Fällen wurde älteren Rabbinern zwar erlaubt, bis auf Weiteres in ihren Stellungen zu verbleiben, doch langsam rückte eine neue Generation nach. Einige ihrer Angehörigen begannen als Lehrer in den neuen jüdischen Schulen, andere waren als *Prediger* in Gemeinden angestellt worden, deren offizielle Rabbiner nicht auf Deutsch predigen konnten; wieder andere waren eigens in einer Kombination aus traditionell-rabbinischer und modern-säkularer Schulung unterrichtet worden, um Rabbiner zu werden. Die neue Generation gelangte also, da es noch immer keine Rabbinerseminare gab, auf ganz verschiedenen Wegen zum neuen Beruf und ihre Vertreter verfügten über ein sehr unterschiedliches Niveau weltlichen und rabbinischen Wissens. Die Mehrzahl dieser neuen Rabbiner war in den ersten 15 Jahren des 19. Jahrhunderts geboren worden, hatte in den 1820er und 1830er Jahren eine Ausbildung erhalten und erklomm meist in den 1830er Jahren ihre neuen Posten.

Zeitgleich mit dem Rabbinat durchlebte auch die deutsch-jüdische Bevölkerung insgesamt einen allmählichen kulturellen Wandel. In den 1840er Jahren waren die meisten jungen Erwachsenen bis zu einem gewissen Grad säkular gebildet und vermochten einigermaßen Deutsch zu sprechen und zu lesen. In städtischen Zentren verfügte eine ansehnliche Minderheit über fortgeschrittene Kenntnisse der deutschen Kultur, aber nur über wenig bis gar kein überliefertes jüdisches Wissen. Das neue religiöse Führungspersonal fand sich selbst häufig zwischen zwei gegensätzlichen Gruppierungen eingekeilt: Auf der einen Seite stand die breite Masse hauptsächlich älterer Landjuden mit geringer weltlicher Bildung, der jüdischen Tradition aber treu ergeben, und auf der anderen die wachsende Zahl jüngerer, gebildeter, überwiegend städtischer Juden, die sich von der jüdischen Religion abwandte und verweltlichte oder mit dem Gedanken an Konversion spielte. Oft sahen sich junge Prediger und Rabbiner der neuen Generation genötigt, mit beiden Gruppen umgehen zu müssen, und einerseits die »ungebildete« breite Masse zu »zivilisieren«, aber andererseits die entfremdeten Eliten zurückzugewinnen. Um diese Entfremdeten zu erreichen, war es unerlässlich, »erbauliche« Predigten in ausgezeichnetem Deutsch halten zu können, die eine Vertrautheit mit Kultur und Denken der modernen Zeit demonstrierten. Die Gottesdienste bedurften der Verfeinerung durch gute Manieren, gepflegtes Benehmen, angenehme Musik und bürgerlichen Anstand, sollten zugleich aber auch das Gefühl der Zuhörenden ansprechen.

Zur »Zivilisierung« der breiten Masse gehörte es demgegenüber, Ruhe und Schicklichkeit durchzusetzen, oftmals durch Aufstellung einer Synagogenordnung. Verboten wurden darin althergebrachte Verhaltensweisen, wie etwa den Sitzplatz zu verlassen, um die Thora zu küssen, mit dem Kantor zusammen zu summen oder zu singen, an Purim bei der Lesung der Megilla Lärm zu machen, die Versteigerung der Synagogenehren (z.B. das Recht die Thorarolle von der heiligen Lade »auszuheben«, oder den Prophetenabschnitt [Haftara] vorzulesen) sowie am siebten Tag des Sukkot-Festes lautstark mit Weidenzweigen zu schlagen. Hochzeiten hatten nun in der Synagoge stattzufinden (und nicht mehr, wie es üblich gewesen war, unter freiem Himmel); zudem sollten sie von einer Predigt begleitet werden, nicht aber das traditionelle, Fruchtbarkeit symbolisierende Werfen von Weizen (*Mahnführen*) oder das Zerschmettern eines Glases praktiziert werden. In der Synagoge sollte das Pult für die Thoralesung von seinem angestammten Platz in der Mitte zur Vorderseite verstellt werden, um dem Altar in einer Kirche zu ähneln. Dass der Gottesdienst zivilisiert und ordentlich ablief war nicht zuletzt auch deshalb wichtig, damit niemand in Verlegenheit geraten müsste, falls Christen teilnehmen sollten.

Von den jungen Rabbinern hatten viele an einer deutschen Universität einen Doktortitel erworben oder waren zumindest durch ein Universitätsstudium beeinflusst. Das breite Spektrum der von ihnen vertretenen Auffassungen reichte von traditionell und neoorthodox über unterschiedliche Stufen der Reformlehre bis hin zu extrem reformerisch. In ihren Gemeinden begannen etliche von ihnen damit, neue Praktiken einzuführen und ihre theologischen Anschauungen publik zu machen. Einige junge Rabbiner veröffentlichten Bücher, Aufsätze oder gar eigene Zeitschriften als Sprachrohr für ihre Ansichten und als Mittel, diese über die engen Grenzen ihrer Heimatgemeinde hinaus zu verbreiten.

In den 1830er und frühen 1840er Jahren kamen Neuerungen gewöhnlich nur langsam auf lokaler Ebene voran. Als die Rabbiner der älteren Generation verstarben oder die von ihnen nun erwarteten Aufgaben nicht mehr ausführen konnte, engagierten viele Gemeinden junge religiöse Führer, darunter manche mit Reformneigungen. In einzelnen Gemeinden oder Regionen wurden regelmäßige deutsche Predigten, Chorgesang, Konfirmationszeremonien und geringfügige Änderungen in der Liturgie eingeführt. Solche Liturgieänderungen blieben aber selbst in den Gemeinden, die von späteren Radikalen geleitet wurden, ziemlich moderat. Das einzige nichtorthodoxe Gebetbuch, welches in Deutschland in den frühen 1840er Jahren gedruckt wurde, war eigentlich das Gebetbuch des Hamburger Tempels, dessen Wiederauflage 1841 erhebliche Auseinandersetzungen entfachte. Ansonsten nahmen Gemeinden in der Erneuerung einfach spezifische Änderungen an den weiter verwendeten traditionellen Gebetbüchern vor.

Diese langsame Verbreitung einzelner, von jungen Rabbinern in einzelnen Gemeinden eingeleiteter Neuerungen wurde in den 1840er Jahren von zwei radikalen Laiengruppierungen herausgefordert. Die radikalere der beiden, der Frankfurter *Verein der Reformfreunde*, gab 1842 eine Erklärung heraus, in der seine Grundsätze angegeben waren. Dazu zählten die Möglichkeit unbeschränkter Fortbildung im Judentum und die Ablehnung sowohl der Autorität des Talmud als auch der Vorstellung, der Messias werde die Juden ins gelobte Land zurückführen. Weitere Grundsätze des *Reformvereins* bestanden in der Ablehnung der Beschneidung und der Speisegesetze. Der Frankfurter *Reformverein* stieß seinerzeit auf nahezu einhellige Verurteilung durch jüdische Religionsoberhäupter. Der 1845 in Berlin gegründete *Reformverein* war – trotz ebenfalls radikaler Reformvorschläge – vielleicht deshalb nicht solch einer scharfen Kritik ausgesetzt, weil die Berliner Gruppe einen versöhnlicheren Ton anschlug. Aus diesem Verein ging schließlich eine private Reformgemeinde mit dem radikalen Rabbiner Samuel Holdheim (1806-1860) hervor. Der Gottesdienst in dieser Gemeinde fand großenteils auf Deutsch statt, die Männer waren barhäuptig und saßen mit den Frauen zusammen.

Die Herausforderung durch die Radikalen des Frankfurter *Reformvereins* bildete einen der Beweggründe, der führende reformorientierte Rabbiner dazu brachte, sich in den Jahren 1844, 1845 und 1846 zu Rabbinerkonferenzen in Braunschweig, Frankfurt und Breslau zu versammeln. Diese Tagungen machten sich daran, eine Erklärung einheitlicher religiöser Grundsätze auszuarbeiten, die sich beispielhaft in einer revidierten Liturgie zeigen sollten. Obwohl die Konferenzen ihre Arbeit nie abschlossen (die für 1847 vorgesehene Zusammenkunft wurde auf 1848 verschoben und dann wegen der Revolution abgesagt), legten sie das Fundament für eine ideologisch gestützte liberaljüdische Bewegung, deren Prinzipien von führenden Rabbiner beschlossen worden waren. Die an den Konferenzen teilnehmenden Rabbiner repräsentierten ein Spektrum von recht traditionell bis radikal, waren im Allgemeinen aber weit weniger radikal als die laiengeführten *Reformvereine*. Auf den Konferenzen votierten die Rabbiner dafür, dass die neue Liturgie zwar am messianischen Gedanken festhalten solle, ohne damit aber eine »politische« Rückkehr nach Zion einzuschließen. Ferner stimmten sie dafür, zur Anpassung an moderne Arbeitsanforderungen die Sabbatgesetze zu modifizieren, jeweils den zweiten Feiertag abzuschaffen, am Sabbat in der Synagoge Orgelmusik zu erlauben sowie auch dafür, neben den Gebeten Hebräisch, die als »subjektiv, aber nicht objektiv notwendig« beibehalten werden sollten, auch deutschsprachige Gebete einzuführen. Diese Entscheidungen weckten auf der einen Seite den Zorn traditionalistischer Rabbiner, die gegen die Konferenzen protestierten; auf der anderen Seite jedoch befriedigten sie die radikaleren laiengeführten *Reformvereine* nicht, die wenig bis gar kein Hebräisch und die Verlegung des Sabbat auf den Sonntag verlangten. Die *Reformvereine* forderten außerdem, dass endgültige Entscheidungen von einer gewählten, überwiegend aus Laien zusammengesetzten Synode getroffen würden.

Zacharias Frankel (1801-1875) indes hatte die zweite Konferenz 1845 verlassen, da Hebräisch nicht zur objektiven Notwendigkeit im öffentlichen Gottesdienst erklärt worden war. Seine Anhänger der »positiv-historischen Schule« begannen, sich als konservativere Gruppierung innerhalb der sich entfaltenden Reformbewegung zusammenzuschließen.

Ein Grund für die Bedeutung der Rabbinerkonferenzen lag darin, dass Reformen nicht mehr nur auf private Gesellschaften wie den Hamburger Tempel beschränkt blieben. Vielmehr führten nun die Hauptsynagogen der meisten großen Gemeinden einen liberalen Gottesdienst unter Leitung des Oberrabbiners der Gemeinde ein. Viele der diskutierten Änderungen wurden im Gefolge der Konferenzen erstmals in Gemeinden umgesetzt. So schafften manche den zweiten Feiertag ab und viele führten radikalere liturgische Änderungen ein als zuvor. Seit den 1850er Jahren gaben immer mehr Gemeinden eigene Reformgebetbücher aus und stellten in der Hauptsynagoge eine Orgel auf.

Wenngleich auf den Konferenzen kein formales Programm für die Reformbewegung aufgestellt worden war, so hatten sie doch dazu beigetragen, die Grundprinzipien der Bewegung zu klären. Die Konferenzen und der Widerstand gegen sie trugen ferner dazu bei, dass sich innerhalb des Judentums allmählich eine Anzahl religiöser Parteiungen zusammenfand. Die Diskussionen der 1840er Jahre unterschieden sich durch eine Reihe von Merkmalen von denen dreißig Jahre zuvor. Rein äußerlich betrachtet wurden nun die Debatten (selbst unter den deutschen Orthodoxen) eher auf Deutsch als auf Hebräisch geführt. Tiefgreifender war freilich, dass die Unterschiede zwischen den Parteien nicht mehr auf ad hoc-Argumenten über spezielle Neuerungen beruhten, sondern vielmehr aus den verschiedenen ideologischen Ansichten über die Bedeutung von Thora und Judentum resultierten.

Die an Universitäten ausgebildeten Rabbiner, die die Reformbewegung in den 1840er Jahren anführten, waren insbesondere vom Studium der Philosophie und Philologie beeinflusst. Sie begannen damit, bei der Lektüre klassischer griechischer Texte (z.B. Homer) erlernte kritisch-philologische Methoden auch beim Studium der heiligen jüdischen Schriften anzuwenden – besonders bei rabbinischen, aber manchmal selbst bei biblischen Texten. Die erstmals in den 1820er Jahren von Leopold Zunz und anderen entwickelten Grundsätze der *Wissenschaft des Judentums* wurden zum Markenzeichen der meisten nichtorthodoxen Rabbiner (und in abgewandelter Form wurden sie sogar von einigen orthodoxen Rabbinern angewandt). Die *Wissenschaft des Judentums* (oder die moderne jüdische Gelehrsamkeit) verfuhr mit jüdischen Texten ebenso, wie Universitätsgelehrte mit jedem anderen Text verfahren würden. Auch jüdische Schriften wurden als Produkte ihrer eigenen Zeit angesehen, und Wissenschaftler zeigten auf, dass religiöse Vorstellungen sich im Laufe der Zeit gewandelt hatten, dass zum Beispiel talmudische Gedanken sich von biblischen unterschieden. Zeitgenössische philosophische Strömungen, besonders der Hegelianismus, untermauerten diese Vorstellung von einer religiösen Entwicklung. Sie entsprach zudem allgemeineren Konzepten des 19. Jahrhunderts wie etwa dem Fortschrittsdenken und später der Evolutionstheorie. Vordenker der Reformbewegung wie Abraham Geiger (1810-1874), Samuel Hirsch (1815-1899) und Samuel Holdheim (1806-1860) entwickelten die Auffassung von der »fortschreitenden Offenbarung« als entscheidende Entgegnung auf die traditionalistische Behauptung, wonach Gottes Gesetz von Menschen nicht geändert werden könne. Die Lehre von der fortschreitenden Offenbarung betrachtet diese nicht als einmaliges Ereignis, sondern als andauernden Prozess des Erkenntnisgewinns. Der *Zeitgeist* selbst ist dabei Teil dieser fortwährenden göttlichen Offenbarung der Wahrheit. Mithin war es nicht mehr nötig, für Änderungsvorschläge nach Präzedenzfällen in der Vergangenheit zu suchen, da der Wandel der Thora selbst innewohne.

Unter den Anhänger der Lehre von einer dynamischen, sich wandelnden Thora gab es unterschiedliche Vorstellungen darüber, in welchem Maße einschneidende Veränderungen in der historischen Entwicklung erwünscht oder möglich waren. Gemäßigtere Denker wie Zacharias Frankel betonten einen unabänderlichen Kern der Tradition und befürworteten Wandel nur dann, wenn er nötig sei, um das Judentum zu retten. Frankel vertrat die Ansicht, dass nur Änderungen zulässig seien, die von der gesamten jüdischen Gemeinschaft (die seinerzeit im Hinblick auf die Religionspraxis dazu neigte, konservativ zu sein) anerkannt worden waren. Radikalere Denker wie Holdheim hoben demgegenüber die Bedeutung weiteren Fortschritts hervor und waren gewillt, mit ihren eigenen Privatgesellschaften voranzugehen, statt zu warten, bis die ganze Gemeinde sich mitbewege. Zudem vertrat Holdheim die Auffassung, bei einem Großteil der Halacha (dem jüdischen Recht) handele es sich um das Zivilrecht des jüdischen Volkes, welches seit dem Exil (und ganz gewiss seit der Emanzipation) nicht mehr relevant sei und daher fallen gelassen werden solle. Geiger hingegen, der gleichwohl fest an die Bedeutung des *Zeitgeistes* glaubte, wandte sich gegen die Bildung getrennter Reformvereinigungen. Er zog es vor, einer städtischen Einheitsgemeinde vorzustehen und bei Reformen die gesamte Gemeinde mitzunehmen, selbst wenn dies bedeuten sollte, langsamer voranzukommen. Obschon Geiger (anders als Holdheim) auf taktische Kompromisse vertraute, war er ideologisch (anders als Frankel) einem durchgreifenden Wandel verpflichtet. Von ihm geführte Gemeinden und von ihm geschriebene Gebetbücher waren nie gleichermaßen radikal wie seine persönlichen ideologischen Anschauungen. Von dem sich ebenfalls herausbildenden orthodoxen Standpunkt unterschied sich aber selbst Zacharias Frankel, glaubte er doch an die Möglichkeit religiösen Wandels – etwas, was die Orthodoxen negierten.

Widerstand gegen die Reform und innerreligiöse Richtungskämpfe

Von der Tradition zur Orthodoxie

Religionswissenschaftler unterscheiden gemeinhin zwischen »Tradition« – der unreflektierten Beibehaltung ererbter religiöser Werte – und »Orthodoxie« – der Vereinigung der Traditionskräfte zu einer ideologischen Macht, die sich ihrer Konkurrenten bewusst ist und die Innovationskräfte oft militant bekämpft. Obwohl die Tradition das deutsche Judentum lange dominiert hatte, waren deren Kräfte ursprünglich weder organisiert, noch hatten sie den Reformern eine schlüssige Ideologie entgegenzusetzen. Vor der Emanzipation befolgten Juden religiöse Bräuche unhinterfragt, weil es »das ist, was ein Jude tut«. Sofern Rabbiner und religiöse Führer überhaupt einen Grund für jüdische Religionspraktiken anführten, verwiesen sie schlicht darauf, dass der Wille Gottes zu erfüllen sei, oder sie teilten kabbalistische Überzeugungen über eine kosmische Macht, die der Befolgung der Gebote innewohne. Laut der Kabbala half die Erfüllung der Gebote (Mitzvot), die in den Hüllen der Sünde und in der materiellen Welt gefangenen Funken der Heiligkeit zu befreien und damit die Erlösung des Universums herbeizuführen. Gewiss hatte es auch in der voraufklärerischen Lebenswelt der Juden viele religiöse Auseinandersetzungen gegeben; doch hatte es keine ideologische Infragestellung der Ansicht gegeben, dass Gottes Gebote in den fünf Büchern Mose zu finden seien sowie im Talmud und der späteren rabbinischen Literatur sorgfältig aufgearbeitet und interpretiert seien. Gehorsam gegenüber der traditionellen jüdischen Praxis wurde durch die Macht der jüdischen Gemeinde und der Rabbinatsgerichte gestützt, die jene, die den religiösen Richtlinien nicht Folge leisteten, mit einer Geldstrafe belegen oder exkommunizieren konnten.

Der rasche Wandel, der sich innerhalb der jüdischen Gemeinschaft im späten 18. und frühen 19. Jahrhundert vollzog, verunsicherte und überwältigte die Führungsschicht des traditionellen Judentums. Mit neuen Gesetzen wurden Rabbinatsgerichte abgeschafft und den Gemeinden die Macht entzogen, jüdische Traditionen zu erzwingen. Neue Sprach- und Bildungsanforderungen, einschließlich auf Deutsch zu predigen und weltliche Inhalte zu unterrichten, gingen weit über die rein jüdische Ausbildung hinaus, die die Rabbiner erhalten hatten. Die alte Gelehrsamkeit wurde vernachlässigt und verlor in der jungen Generation an Ansehen; vielerorts wurden die Jeschiwot (Talmudhochschulen) geschlossen (freiwillig oder auf Geheiß der Regierungsbehörden). Viele Rabbiner sahen in der neuen Situation mit den neuen Schulen, der Wehrpflicht und neuen Qualifikationen für Rabbiner keine Emanzipation, sondern »geserot hamalchut« (böswillige Verordnungen der Regierung). Sie waren allerdings weder in der Lage, die Veränderungen zu verhindern, noch wussten sie, wie diese anzufechten seien, zumal häufig neue Führungspersonen gegen sie antraten, die das Vertrauen der Regierung genossen.

Die erste Reaktion rabbinischer Autoritäten gegen Abweichler bestand oft in dem Versuch, die ihnen zur Verfügung stehenden Zwangsmaßnahmen einzusetzen. So belegten sie »ketzerische« Bücher mit einem Bann, untersagten neue religiöse Innovationen und verurteilten die Anstifter einer Erneuerung oft mit scharfen und erbitterten Worten. Doch die Anwendung dieser althergebrachten Methoden setzte sie in den Nachteil, denn Schreiben konnten sie nur auf Hebräisch und Sprechen gewöhnlich nur (westliches) Jiddisch. Moderne Juden nahmen aber lediglich einen auf Hochdeutsch geführten Meinungsaustausch ernst und betrachteten alles andere als rückständig. Zudem hatten Rabbiner die Macht verloren, Verurteilungen auch durchzusetzen, weshalb Widersacher diese einfach ignorieren konnten (und mit eigenen Gegenverurteilungen antworteten). Während manche rabbinischen Autoritäten sämtliche religiösen Neuerungen unterschiedslos verdammten, verspürten andere das Bedürfnis, einige Kompromisse einzugehen, um Frieden und Einheit in der Gemeinde zu wahren. Im Allgemeinen war dies wohl eher ein Zeichen ihrer Schwäche oder mangelnden Kampfeswillens, denn eine Anerkennung der Gültigkeit von Änderungen. Vor den 1840er Jahren blickten viele der älteren, traditionsbewussten Rabbiner mit Furcht in die Zukunft; sie spürten, dass sie den Niedergang überlieferter Bräuche und Werte bestenfalls verzögern, aber nicht verhindern konnten.

Die Verwandlung der Tradition in eine ideologisch bewusste und methodisch anspruchsvolle orthodoxe Religionspartei war ein allmählicher Prozess. Manche der älteren traditionsgebundenen Rabbiner (zuweilen als *Altorthodoxe* bezeichnet) begannen, sich säkulares Wissen anzueignen und neue Taktiken zu erproben, um sich die Gefolgschaft der jüngeren Generationen zu sichern. Die Übergangsgeneration von Rabbinern bewies in mehrfacher Hinsicht Anpassungsvermögen an die neuen Bedingungen. Einige führende »altorthodoxe« Rabbiner, die sich für westliche Kultur und weltliches Wissen interessierten, ließen dies in ihre gelehrten rabbinischen Werke einfließen, die auf Hebräisch verfasst waren und von Juden weltweit gelesen wurden. Zu diesen Rabbinern zählten Yaakov Zvi Mecklenburg (1785-1865) in Königsberg, Israel Lipschitz in Danzig (1782-1860) und Meir Leibusch Malbim (1809-1879), Rabbiner in Kempen (Posen). Mecklenburgs *Haktav VeHakabbala* bemühte sich darum, geschriebenes Recht und mündliche Überlieferung in Einklang zu bringen. Lipschitz' Kommentar der Mishna und Malbims Bibelkommentar wurden zu Standardwerken der rabbinischen Literatur. Andere traditionalistische Rabbiner (wie etwa Abraham Bing aus Würzburg, 1752-1841) unterrichteten junge Männer, die die Universität besuchten, im Talmudstudium. Viele ihrer Schüler erklommen in der späteren neoorthodoxen Bewegung Führungspositionen. Einige orthodoxe Rabbiner der 1820er Jahre, die Universitäten besuchten, aber gewöhnlich keinen Abschluss machten, wurden zur Verbindung zwischen der älteren traditionalistischen und der jüngeren neoorthodoxen Rabbinergeneration. Zwei der berühmtesten Rabbiner aus dieser Übergangsgeneration waren »Hacham« Isaak Bernays (1792-1849) in Hamburg und Jacob Ettlinger (1798-

1871) in Altona. Sie predigten auf Deutsch, bezogen aber kämpferisch Stellung gegen die Reformbewegung. Ettlinger gründete die erste deutschsprachige orthodoxe Zeitung (*Der treue Zionswächter*, 1845-1854).

Die Gründung der Bewegung, die später als neoorthodox bekannt werden sollte, wird indes gewöhnlich Samson Raphael Hirsch (1808-1888) zugeschrieben. Nach dem Studium an der Universität Bonn (wo er mit seinem späteren Widersacher Abraham Geiger befreundet war) wurde Hirsch Landesrabbiner von Oldenburg. Hier veröffentliche er zwei deutschsprachige Werke, in denen er Grundzüge seiner Philosophie darlegte. In *Neunzehn Briefe über Judenthum* (1836), verfasst unter dem Pseudonym Ben Usiel, verteidigte er das traditionelle Judentum in einer Reihe von Briefen an einen fiktiven jungen Mann, der gerade im Begriff stand, die Tradition aufzugeben. Die *Neunzehn Briefe* riefen in romantisch angehauchter Sprache dazu auf, dem jüdischen Gesetz aus Gehorsamkeit gegenüber dem göttlichen Schöpfer eines wunderbaren und harmonischen Universums zu folgen. In *Horeb* (1838) unternahm Hirsch den Versuch, die symbolische Bedeutung und elementare Wahrheit jüdischer Bräuche in einer Weise zu erklären, die für junge, nach dem richtigen Weg suchende Juden attraktiv war. Er befürwortete westliche Bildung und säkulare Kultur, beharrte aber auf strikter Einhaltung der traditionellen Religionsgesetze. Obschon Hirsch anfänglich mit dem Gedanken an Reformen wie der Abschaffung des Kol Nidre-Gebets[4] gespielt hatte, wurde er bald zu einem militanten Gegner der Reformbewegung. Dies wurde besonders offensichtlich, nachdem er 1851 nach Frankfurt gezogen war, um Rabbiner der austrittsorthodoxen *Israelitischen Religionsgesellschaft* zu werden. In Frankfurt schuf Hirsch eine Modellgemeinde, die strenge Orthodoxie mit moder-

4 Das Kol Nidre-Gebet, eine ob seiner erschütternden Melodie beliebte Einführung zum Gottesdienst am Versöhnungstag, wurde von vielen christlichen Gegnern der Emanzipation beanstandet, weil es angeblich jüdische Eide für nichtig erkläre. Dies wurde als Grund für besondere, vielfach demütigende Eidesformeln (More Judaico) in deutschen Gerichten angegeben. Manche jüdischen Reformer glaubten, dass die Abschaffung des Kol Nidre-Gebets im Kampf um die Abschaffung des »Judeneides« helfen würde.

nen ästhetischen Maßstäben verknüpfte. Sie verfügte über eine eigne Synagoge, Schulen, einen Friedhof und eine eigene Koscher-Aufsicht. Den Anspruch der Reformer, Religion und Fortschritt miteinander zu verbinden, verspottete Hirsch, und er warf ihnen vor, Gottes Gebote eigener Bequemlichkeit zuliebe umzuschreiben. Ferner griff er die Methoden der *Wissenschaft des Judentums* an, mit historischen und kritischen Perspektiven an jüdische Schriften heranzutreten. Hirsch hingegen versuchte, Aufgeschlossenheit gegenüber der westlichen Kultur (am bemerkenswertesten zum Ausdruck gebracht in seiner Predigt zum 100. Geburtstag Friedrich Schillers) mit fundamentalistischer Zurückweisung der »ketzerischen« Lehren eines nichtorthodoxen Judentums zu kombinieren. In seiner Synagoge gab es einen Männerchor, Talare für Rabbiner wie Kantoren, und es galten Schicklichkeitsregeln; ansonsten jedoch folgte man dem unverändert traditionellen Ritual und hielt bei der Beachtung der Sabbat- und Speisegesetze äußerst strikte Standards ein.

Zacharias Frankel und das »positiv historische Judentum«

In den 1840er Jahren begannen sich zwar ideologische Lager herauszubilden, doch fehlten ihnen nach wie vor klare Abgrenzungen oder etablierte Organisationen. Anschaulich wird dies vielleicht am ehesten, wenn man jene in den Blick nimmt, die zwischen eindeutigen Wegbereitern des Reformjudentums (wie Geiger und Holdheim) und der entstehenden Orthodoxie im Umfeld von Samson Raphael Hirsch standen. Als Zacharias Frankel auf der Frankfurter Rabbinerkonferenz von 1845 erklärte, er stünde auf dem Boden eines »positiv historischen Judentums«, stimmten viele der anderen Delegierten mit ihm überein. Dennoch schlossen sich die meisten dieser Rabbiner – allen voran Ludwig Philippson (1811-1899), Herausgeber der *Allgemeinen Zeitung des Judenthums* – seinem Auszug aus der Konferenz nicht an, sondern verblieben bei der Hauptströmung der aufstrebenden liberalen Bewegung. Frankels Auszug und sein darauffolgender

Einsatz für eine konservativere »Theologenkonferenz«, um den Rabbinerkonferenzen entgegenzutreten, trug ihm allerdings Unterstützungserklärungen vieler traditionsgeneigter Gemeinden ein. In eigenen Erklärungen zu seiner gemäßigten Position rückte sich Frankel gelegentlich eher in die Nähe des orthodoxen als des Reformlagers; zugleich aber stellte er sich als jemanden dar, der erkannt habe, dass in ein Wandel mancherlei Hinsicht nötig sei, um die Essenz traditioneller jüdischer Praxis zu retten. Schon bald jedoch sah sich Frankel von Samson Raphael Hirsch dafür angegriffen, die orthodoxe Grundannahme eines immerwährenden, von Gott offenbarten und von Menschen nicht zu ändernden Gesetzes geleugnet zu haben. Hirsch erhob zudem Einwände gegen Frankels Anwendung moderner wissenschaftlicher Methoden auf rabbinische Texte sowie gegen seine Erklärung, beim talmudischen Prinzip der Halacha lemosche misinai (ein mündlich überliefertes Gesetz, das zurückging auf Moses auf dem Berg Sinai und somit direkt von Gott gegeben war) handele es sich lediglich um einen Begriff für einen antiken Brauch unbekannter Herkunft. Für Hirsch und seine Anhänger galten Frankel und dessen Gefolgschaft, insbesondere der Historiker Heinrich Graetz (1817-1891), als Häretiker, deren Beachtung traditioneller jüdischer Praktiken bloß ihre fundamentale Ketzerei verschleiere.

Frankels Einfluss wuchs enorm, als er 1854 in Breslau zum Direktor des ersten Rabbinerseminars in Deutschland auserkoren wurde. Gestiftet hatte das Seminar ein enger Freund des weitaus radikaleren Abraham Geiger, dem Oberrabbiner in Breslau, der allerdings seinem gemäßigteren Rivalen unterlag. Der Lehrplan des *Jüdisch-Theologischen Seminars zu Breslau* legte großen Wert auf traditionelle rabbinische Texte (Talmud, Kodizes usw.), förderte aber auch die Anwendung der Methodologie der *Wissenschaft des Judentums*. Viele Mitglieder des Seminarlehrkörpers waren ausgewiesene Fachleute dieser wissenschaftlichen Ausrichtung, und Frankels *Monatsschrift für Geschichte und Wissenschaft des Judentums* (1851-1939) war eine der führenden Zeitschriften auf diesem Gebiet. Von den Studenten des Seminars wurde erwartet, dass sie an der Universität Breslau einem weltlichen

Studium nachgingen. Sie genossen Gedanken- und Interpretationsfreiheit, hatten aber die Sabbat- und Speisegesetze sowie andere traditionelle Bräuche zu befolgen. Die Absolventen des Seminars, die ideologisch eine Bandbreite von orthodoxienah bis ziemlich radikal abdeckten, besetzten den Großteil der im 19. Jahrhundert vakanten Rabbinerstellen in Deutschland. Bis zur Gründung von Hildesheimers orthodoxem Seminar 1873 und Geigers liberaler *Hochschule für die Wissenschaft des Judentums* (1872-1942) blieb das Breslauer Seminar ohne Konkurrenz.

Eine eigenständige religiöse Bewegung schuf Frankel in Deutschland nicht (indessen gilt er als spiritueller Vater des konservativen Judentums in den Vereinigten Staaten). Doch mit dem Breslauer Seminar gelang es ihm, die Rabbinerausbildung in eine konservative Richtung zu lenken. In einigen Gemeinden, in denen Anhänger Frankels auf radikalere Rabbiner folgten, stellten sie manch eine Tradition wieder her, die zuvor bereits abgeschafft worden war. In Breslau selbst gab Manuel Joel (1826-1890) als Nachfolger Geigers, der 1870 seine Stellung als Oberrabiner verlassen hatte, ein neues Gebetbuch heraus, welches einige der in Geigers früherem Gebetbuch gestrichenen Gebete wieder aufnahm und kleingedruckt, aber unverändert, sogar den traditionellen Text enthielt. Joel und Geiger führten einen heftigen, polemischen Disput, besonders über die Bedeutung Jerusalems, das von Joel als historischer Erinnerungsort hoch geschätzt, von Geiger aber als Stadt ohne zeitgenössische Relevanz herabgesetzt wurde.

Ein gemäßigt-liberaler Mainstream – das späte 19. Jahrhundert

Die Jahre zwischen 1848 und 1871 werden manchmal als »die ruhigen Jahre des deutschen Judentums« aufgefasst. Wissenschaftler haben die Entwicklungen in diesem Zeitabschnitt (und in beträchtlichem Umfang auch die des folgenden Vierteljahrhunderts) aber auch in gegensätzlicher Weise charakterisiert. Für manche war es eine »reaktionäre Periode«, in der Orthodoxie und Tradition Terrain zurückgewinnen konnten, während die Reformbewegung ihren Fortschrittsdrang eingebüßt habe. Anhänger des nichtorthodoxen Judentums begannen irgendwann zwischen 1870 und den 1890er Jahren den Begriff »liberal« dem der »Reform« vorzuziehen; letzterer fand bald nur noch für die radikale Berliner Reformgemeinde Verwendung. Im Kontrast zu den Liberalen wurden die Orthodoxen nun oft als »*konservativ*« bezeichnet, besonders dann, wenn sie die Abspaltung ablehnten (siehe dazu unten). Die militanteren Traditionalisten nutzten selbst häufig den Begriff »orthodox«, obwohl viele orthodoxe Juden es vorzogen, sich selbst als »*gesetzestreu*« zu benennen. Gegen Ende des 19. Jahrhunderts war jedenfalls das liberale Judentum in Deutschland bei weitem gemäßigter als das amerikanische Reformjudentum – ein Umstand, der einen führenden amerikanischen Rabbiner dazu veranlasste, das deutsche Judentum als noch immer mittelalterlich zu charakterisieren.

Auf der anderen Seite gelang es dem liberalen Judentum in dieser zweiten Hälfte des 19. Jahrhunderts die Vorherrschaft über die meisten größeren und viele kleinere Gemeinden zu gewinnen, während die Orthodoxie zu einer verhältnismäßig kleinen Minderheit schrumpfte. Dies hing teilweise mit der in dieser Jahrhunderthälfte stattfindenden enormen Urbanisierung der deutschen Judenheit zusammen. Der Anteil der deutschen Juden, die in Städten mit über 20.000 Einwohnern lebten, stieg von 16 Prozent im Jahr 1852 über 30 Prozent (1871) auf 59 Prozent im Jahr 1900 (43 Prozent der deutschen Juden lebten 1900 bereits in Städten mit mehr als 100.000 Einwohnern). In beinah jeder Großstadtgemeinde in Deutschland gab es zumindest eine liberale Synagoge mit Orgel, und in den meisten war weniger als ein Viertel der jüdischen Bevölkerung orthodox. Kurz gesagt schien es, als habe das liberale Judentum die Kontrolle über die meisten Gemeinden gewonnen, aber viel von seiner ursprünglichen Militanz verloren. Aus den Liberalen war das neue »Establishment" geworden, und die meisten seiner Anhänger folgten lediglich dem Pfad, den ihre Eltern schon gebahnt hatten.

Fraglos hatte das in Deutschland seit dem späten 19. Jahrhundert dominierende liberale Judentum ein gemäßigteres Antlitz als die Ideologien, die Geiger und Holdheim verfochten hatten. In liberalen Tempeln saßen Frauen und Männer getrennt, und Männer trugen eine Kopfbedeckung. Auf Deutsch war nur eine Minderzahl der Gebete, die ansonsten der allgemeinen Form der Tradition folgten, jedoch auch bedeutende ideologische Neuerungen enthielten (besonders jene Gebete mit Bezug auf eine Rückkehr ins Heilige Land). Zum Teil kann dieser moderate Ton dem Einfluss von Frankels Seminar zugeschrieben werden. Manches jedoch mag auch schlicht aus einer ganz gewöhnlichen Mäßigung resultiert haben, die häufig eintritt, wenn eine einst rebellische Bewegung zum Establishment aufsteigt.

Die Vielfalt der Orthodoxie und die Austrittskontroverse

Samson Raphael Hirsch, der zwar einen westlichen Kulturstil und die deutsche Sprache anerkannte und pflegte, verweigerte trotzdem jeden Kompromiss mit Vertretern der Reformbewegung oder mit Gefolgsleuten Zacharias Frankels. 1876 gelang es Hirschs Anhängern, beim preußischen Landtag die Verabschiedung des *Austrittsgesetzes* zu erreichen, welches es Juden erlaubte, reformdominierte Stadtgemeinden zu verlassen und eigene, separate Gemeinden zu gründen. Hirsch beharrte darauf, dass solch ein Austritt eine gottbefohlene Pflicht sei.

Obschon Hirsch über großen Einfluss unter »*gesetzestreuen*« Juden in Deutschland verfügte, folgten nicht alle Traditionalisten seiner Ideologie. Etwas andere Ansätze vertraten zeitgenössisch zwei weitere orthodoxe Rabbiner, Esriel Hildesheimer (1820-1899) und Seligmann Baer Bamberger (1807-1878). Die von Hirsch geprägte Orthodoxie war in großen Städten der Region Hessen am stärksten, während Hildesheimer in Berlin mehr Einfluss hatte, und Bambergers Anhänger hauptsächlich unter Landjuden in Süddeutschland zu finden waren. Bamberger, der über keine Universitätsausbildung verfügte, hatte die deutsche Sprache autodidaktisch erlernt. Die meisten seiner Schriften erschienen auf Hebräisch oder auf Hochdeutsch in hebräischer Schrift. Als

Oberrabbiner in Würzburg gründete er sowohl eine traditionelle Jeschiwa als auch ein modernes Seminar zur Ausbildung jüdischer Lehrer. Eher traditioneller Talmudgelehrter als Hirsch oder Hildesheimer weigerte sich Bamberger, den Austritt als verpflichtend zu betrachten. Seine Anhänger arbeiteten stattdessen innerhalb der Einheitsgemeinden mit, um den Interessen des orthodoxen Lagers förderlich zu sein. Bambergers Weigerung, Hirschs Ansicht über die Abspaltung zu unterstützen, führte zu einem persönlichen Bruch zwischen den beiden Rabbinern. Hildesheimer, 1869 bis zu seinem Tod Oberhaupt der separatistischen Adass Jisroel Gemeinde in Berlin, war in der Austrittsfrage nicht gleichermaßen entschieden wie Hirsch. In 18 Jahren als Rabbiner in Eisenstadt (damals Ungarn) hatten ihm seine Versuche, weltliches Studium mit rabbinischer Bildung zu verknüpfen, die Feindschaft der ultraorthodoxen Partei eingebracht, die in Ungarn eine Vormachtstellung innehatte. Während Hirsch eine moderne gelehrte Herangehensweise an die heiligen Schriften (*Wissenschaft des Judentums*) leidenschaftlich verachtete, nutzten Hildesheimer und seine Anhänger diese Methoden beim Studium rabbinischer, nicht aber biblischer Texte, wofür sie gleichwohl von Hirsch kritisiert wurden. Hildesheimer gründete 1873 das orthodoxe Berliner *Rabbinerseminar*, das bis 1938 bestehen bleiben sollte.

Die Institutionalisierung religiöser Bewegungen

Ideologisch durchdachte Reform- und Orthodoxiebewegungen waren in Deutschland im zweiten Viertel des 19. Jahrhunderts entstanden, in dem führende theologische Denker wie Samson Raphael Hirsch, Zacharias Frankel, Abraham Geiger und Samuel Holdheim klar formulierte Programme und Rechtfertigungen für deutlich voneinander abweichende Bestimmungen der jüdischen Religion entwickelt hatten. Die zweite Hälfte des Jahrhunderts war hingegen durch die Institutionalisierung dieser zuvor geschaffenen Bewegungen gekennzeichnet. Religiöse Führungspersonen gleich welcher Couleur hatten es nicht vermocht, ihre eigenen Vorstellungen als alleingültige Neubestimmung des Judentums durchzusetzen, und widerwillig mussten sie zumindest de facto hinnehmen, das die deutsche Judenheit sich dauerhaft in konkurrierende religiöse Strömungen aufteilen sollte. Zwar regierte weiterhin die Polemik, besonders wenn militant austrittsorthodoxe Anhänger von Samson Raphael Hirsch sie anfachten, doch festigten sich Orthodoxe und Liberale als Parteien innerhalb des Judentums, die lernen mussten, miteinander auszukommen. Dieses Koexistenz kam am deutlichsten im Gedanken der lokalen Einheitsgemeinde zum Ausdruck. Obwohl sie auf Regierungsverordnungen beruhte, war die Idee einer ungeteilten jüdischen Gemeinde ein Ideal, dem auch viele jüdische Führungspersönlichkeiten Tribut zollten, weil es den Frieden innerhalb der Gemeinschaft beglaubigte.

Die meisten ursprünglichen Protagonisten der konkurrierenden Bewegungen verstarben in den 1870er bzw. 1880er Jahren und wurden durch neue, »in der Bewegung« herangewachsene Führungskräfte ersetzt. Einige der Neuen – wie etwa die beiden liberalen Heinemann Vogelstein (1841-1911) und Sigmund Maybaum (1844-1919) oder auch der orthodoxe Marcus Horovitz (1844-1910) – vertraten ihre Standpunkte durchaus eindrucksvoll, doch waren sie keine so originellen Denker wie ihre Vorgänger. Anders als jene, die Autodidakten gewesen waren, hatten die neuen Oberhäupter an Seminaren eine professionelle Ausbildung erhalten. In ihren Augen ging es eher darum, die bereits bestehenden Bewegungen zu bewahren oder weiterzuentwickeln, als Neues zu schaffen. Einfache Anhänger der verschiedenen Religionsbewegungen befolgten oft bloß die Tradition, in der sie aufgezogen worden waren, obwohl sich sicher viele aus den Zugehörigkeiten ihrer Kindheit lösten (und normalerweise vom traditionellen zum liberalen Judentum wechselten).

Die Zeit des Kaiserreichs war von Versuchen gekennzeichnet, sowohl alle deutsch-jüdischen Gemeinden in einem »neutralen« Dachverband zu vereinen, als auch für die religiösen Hauptströmungen institutionelle Netzwerke zu schaffen. Das erste Rabbinerseminar in Deutschland, das 1854 in Breslau gegründete *Jüdisch-Theologische Seminar,* bildete die meisten der bis in die 1870er Jahre eingestellten Rabbiner aus. In seiner Ausrichtung verknüpfte es die Anerkennung moderner kritischer Methoden (*Wissenschaft des Judentums*) mit dem Studium überlieferter rabbinischer Texte (wie dem Talmud) und der Befolgung der grundlegenden Praktiken des traditionellen »Zeremonialgesetzes« (Sabbat, koschere Speisen). Streng Orthodoxe lehnten die Absolventen des Breslauer Seminars ab, obschon sie diesen manchmal zugestanden, »nicht so schlecht« zu sein wie »radikal-reformerische« Rabbiner wie etwa Geiger. Die beiden Rabbinerseminare, die in den frühen 1870er Jahren in Berlin entstanden, vervollständigten das ideologische Spektrum. Das von Esriel Hildesheimer gegründete Seminar war eine explizit orthodoxe Institution, die ihren Absolventen den Dienst in Gemeinden mit Orgel untersagte. Trotzdem wurde, anders als in traditionellen Jeschiwot, von den Studenten erwartet, dass sie einen Universitätsabschluss erwarben. Überdies nutzten die Lehrkräfte die *Wissenschafts*-Methoden, zumindest insoweit sie nicht orthodoxe Dogmen bedrohten. Die *Hochschule für die Wissenschaft des Judentums* (zeitweilig als *Lehranstalt* bezeichnet) wurde von Abraham Geiger und anderen gegründet. Wenngleich es sich dabei offiziell nicht um ein »konfessionsgebundenes« Rabbinerseminar, sondern eher um ein Institut für das wissenschaftliche Studium des Judentums handelte, so gewährte die *Hochschule* dennoch von Beginn an Ordinierungen. Gemeinhin wurde sie als freimütig liberalerer Ausbildungsplatz für Rabbiner betrachtet als das moderatere Breslauer Seminar. Ab den 1870er Jahren fiel es verhältnismäßig leicht, die ideologische Zugehörigkeit neuer Rabbiner daran abzulesen, in welchem Seminar sie ausgebildet worden waren. Noch immer jedoch gab es Einzelne, die sowohl in Breslau als auch an der *Lehranstalt* (*Hochschule*) studiert hatten. Einige orthodoxe Gemeinden stellten allerdings weiterhin Rabbiner an, die ihre Ausbildung nicht am Seminar, sondern eher traditionell an einer Jeschiwa (vor allem in Ungarn) erhalten hatten.

Als Zusammenschluss einzelner jüdischer Gemeinden wurde 1869 der *Deutsch-Israelitische Gemeindebund* (DIGB) geschaffen. Dieser sollte unter anderem Kontakte zur Regierung hinsichtlich der Wohlfahrts- und Gemeindeverwaltung koordinieren, kleinen Gemeinden Finanzhilfe leisten und Pensionen für jüdische Lehrer finanzieren helfen. Da seine Gründung ursprünglich auf der Reformsynode in Leipzig vorgeschlagen worden war, und der DIGB von liberalen Juden geleitet wurde, traten orthodoxe Gemeinden anfangs nicht bei. Erst in den 1890er Jahren schlossen einige sich dennoch an, vor allem deshalb, weil sich der Verband aus religiösen Kontroversen herausgehalten hatte. Von 183 Mitgliedsgemeinden im Jahr 1882 wuchs der DIGB über 652 (1898) auf 1012 Gemeinden im Jahr 1911 (mehr als ein Drittel der jüdischen Gemeinden in Deutschland). Die austrittsorthodoxen Anhänger von Samson Raphael Hirsch blieben allerdings unzufrieden mit solchen »neutralen« Organisationen, in denen Liberale über bedeutenden Einfluss verfügten. Um orthodoxe Juden zusammenzuschließen und sie nach außen gegenüber der Öffentlichkeit wie der Regierung zu vertreten, gründeten Hirsch und seine Parteigänger 1885 die *Freie Vereinigung für die Interessen des orthodoxen Judentums*. Sie beschäftigte sich mit einer breiten Palette von Aktivitäten und wurde als Gegengewicht zum DIGB wahrgenommen.

Die verschiedenen Vereinigungen, in denen deutsche Rabbiner sich organisierten, wiesen manche Parallelen zu den Gemeindeverbänden auf. Der 1884 gegründete *Rabbinerverband in Deutschland* blieb recht untätig, bis er im Dezember 1896 als *Allgemeiner Rabbinerverein in Deutschland* reorganisiert wurde. Im Unterschied zum früheren *Verband*, der im Ruf gestanden hatte, ein liberal-orientierter Zusammenschluss zu sein, gab es im neuen *Rabbinerverein* liberale und orthodoxe Funktionsträger. Der *Allgemeine Rabbinerverein* widmete sich einer Aufwertung des Status des Rabbinerberufs und der Bekämpfung antisemitischer Angriffe auf die jüdische Religion. Ausdrücklich ausgeschlossen war die Diskussion solcher Glaubensfragen, die traditionelle Ansichten infrage gestellt haben könnten. Viele, wenn auch nicht alle orthodoxen Rabbiner willigten ein, Mitglied zu werden.

Schon bald nach der Gründung des *Allgemeinen Rabbinervereins* entstanden zudem spezielle ideologische Rabbinervereinigungen. Im Mai 1897 wurde die *Vereinigung traditionell-gesetzestreue Rabbiner Deutschlands* von Rabbinern ins Leben gerufen, die am orthodoxen Seminar in Berlin ihren Abschluss gemacht hatten. Die *Vereinigung* beschloss, es ihren Mitgliedern zu überlassen, ob sie auch dem *Allgemeinen Rabbinerverein* beitreten wollten oder nicht. (Befürworter der Hirschschen Austrittsorthodoxie lehnten deshalb den Beitritt zur *Vereinigung* ab. Später, im Jahr 1906, unterstützte Rabbi Salomon Breuer [1850-1926] von der austrittsorthodoxen Gemeinde in Frankfurt die Gründung des *Verbands der Orthodoxen Rabbiner*, der jedem die Mitgliedschaft versagte, der dem *Allgemeiner Rabbinerverband* angehörte. Bemühungen zur Bildung einer vereinten orthodoxen Rabbinervereinigung blieben erfolglos.) Liberale Rabbiner gründeten im Juni 1898 ihren eigenen Zusammenschluss, die *Vereinigung der liberalen Rabbiner Deutschlands*. Und 1908 schufen Liberale zudem die aus Laien wie auch aus Rabbinern bestehende *Vereinigung für das liberale Judentum*, deren Zweck darin bestand, das liberale Judentum als aktive Religionsbewegung wiederzubeleben. Die Organisation publizierte ihre eigene Monatsschrift unter dem Titel *Liberales Judentum* und unterhielt eine eigene Jugendbewegung.

Die städtische Einheitsgemeinde und der Austrittsgedanke

Die Schaffung sowohl übergreifender als auch ideologisch spezifischer Organisationen von Rabbinern und Gemeinden fand in einem Gemeindeumfeld statt, das sich recht deutlich von dem unterschied, das um die Mitte des 19. Jahrhunderts bestanden hatte. In diesem früheren Zeitraum hatten die meisten religiösen Konflikte in verhältnismäßig kleinen Gemeinden stattgefunden, in denen es nur eine einzige Synagoge gab und die meisten Juden sich untereinander persönlich kannten. Um 1900 hingegen lebte die Mehrzahl deutscher Juden in Großstädten, häufig in Gemeinden mit mehreren tausend Mitgliedern. In solchen Gemeinden waren keineswegs alle Juden persönlich miteinander bekannt; darüber hinaus lebten sie manchmal in verschiedenen Stadtvierteln und besuchten eine Reihe verschiedener Synagogen. Der Gemeindevorstand, bei dem es sich um eine Gruppe angesehener Honoratioren gehandelt hatte, die den meisten Gemeindemitgliedern bekannt gewesen waren, verwandelte sich zunehmend in ein Gremium, dass sich aus Mitgliedern mehr oder weniger ideologisch ausgerichteter Kandidatenlisten zusammensetzte, über die bei umkämpften Wahlen abgestimmt wurde.

Die Idee der *Einheitsgemeinde* nahm in verschiedenen Gemeinden verschiedene Formen an, die von der Gemeindegröße, der Gesetzeslage im jeweiligen Land sowie von besonderen lokalen Verhältnissen abhängig sein konnten. Das preußische Recht erlaubte je Ort nur eine einzige jüdische Gemeinde. Dies bedeutete freilich nicht, dass es dort nur eine Synagoge geben durfte. Die Gemeinde konnte entweder selbst mehrere Synagogen unterhalten oder es konnten verschiedene Gruppen private Synagogen unterstützen und finanzieren. Allerdings mussten alle jüdischen Einwohner ihre Steuern an die Einheitsgemeinde abführen. In Frankfurt jedoch beklagten Rabbiner Samson Raphael Hirsch und seine Anhänger, dass ihre Gewissensfreiheit verletzt würde, wenn auch sie für den Unterhalt »ketzerischer« gemeindeeigener Reformsynagogen zahlen müssten. Aus diesem Grund kämpften sie für das Recht auf Abspaltung – mit Erfolg. Danach konnten Juden eine individuelle Erklärung unterzeichnen, derzufolge sie aus Gewissensgründen die Gesamtgemeinde verließen, an die sie dann keine Steuern mehr zu entrichten brauchten.

Obwohl Hirsch den Austritt aus der Einheitsgemeinde zur religiösen Pflicht deklariert hatte, gelang es ihm nicht, die Mehrheit der Mitglieder seiner eigenen *Israelitischen Religionsgesellschaft* von diesem Schritt zu überzeugen. Viele behielten eine Doppelmitgliedschaft in der orthodoxen und der allgemeinen Gemeinde bei. Die Frankfurter Juden konnten noch mit einer weiteren Besonderheit aufwarten, da die dortige Einheitsgemeinde, um Hirsch auszumanövrieren, eine große orthodoxe Synagoge errichten ließ und dafür mit Marcus Horovitz einen angesehenen Rabbiner engagierte. Das Verhältnis des *gemeindeorthodoxen* Rabbiners Horovitz zum *austrittsorthodoxen* Rabbiner Samson Raphael Hirsch wie auch zu dessen Nachfolgern war häufig gespannt. Somit gab es in Frankfurt – abgesehen von einigen kleinen Privatsynagogen – schließlich eine orthodoxe *Gemeindesynagoge* (Börneplatz) sowie zwei liberale (Börnestraße und Westend) und die austrittsorthodoxe Synagoge in der Friedberger Anlage, die sich allesamt in großen, beeindruckenden Gebäuden befanden.

Noch komplizierter war die Situation in Berlin. Die Synagoge aus dem 18. Jahrhundert in der Heidereutergasse durchlebte zwar einige religiöse Änderungen, blieb aber im Grunde traditionell. Die 1845 gegründete radikale *Reformgemeinde* war außerhalb der Berliner *Einheitsgemeinde* als private Vereinigung organisiert. Nachdem die Hauptgemeinde 1866 entschieden hatte, in ihrer imposanten neue Synagoge in der Oranienburger Straße eine Orgel aufzustellen, bildete wenige Jahre später eine kleine Gruppe orthodoxer Juden die Adass Jisroel-Kongregation, die sich schließlich von der Berliner *Einheitsgemeinde* abspaltete. Die Hauptgemeinde fuhr gleichwohl fort, sowohl traditionelle wie liberale Synagogen zu errichten als auch orthodoxe und liberale Rabbiner anzustellen. Als 1904 eine neue Synagoge in der Rykestraße gebaut wurde, entschied die Berliner Gemeinde, keine Orgel darin aufzustellen, um orthodoxen Einwände aus dem Weg zu gehen. Neben den offiziellen liberalen und orthodoxen Gemeindesynagogen sowie den gesonderten Synagogen der *Reformgemeinde* und von Adass Jisroel, gab es in Berlin außerdem viele Synagogen, die von privaten Vereinigungen unterhalten wurden und meist klein und orthodox waren.

Manche Länder wie etwa Baden, Württemberg, Bayern und Sachsen genehmigten die Gründung austrittsorthodoxer Gemeinden nicht. Dennoch gab es in diesen Ländern einige Gemeinden mit großen austrittsorthodoxen Synagogen (München, Nürnberg, Stuttgart und Karlsruhe), deren Mitglieder jedoch Teil der *Einheitsgemeinden* blieben.

In kleinen und mittelgroßen Gemeinden konnte sich die jüdische Gemeinschaft nur eine Hauptsynagoge leisten. Abhängig von der Zusammensetzung der Gemeinde konnte diese Synagoge orthodox oder liberal mit Orgel sein, konnte aber auch einen irgendwie gearteten Kompromiss zwischen den beiden Richtungen darstellen. In jedem Fall bedurften wichtige religiöse Veränderungen gleich welcher Ausrichtung der Billigung durch den gewählten Vorstand. Gegen Ende des 19. Jahrhunderts wurde es schwieriger für eine Partei, der anderen ihren Willen aufzuzwingen, und Kompromisse wurden üblicher. Die Führung zögerte, eine Gemeinde zu spalten. Manche Großgemeinden wie Köln und Königsberg verschleppten den Einbau einer Orgel in der Hauptsynagoge über Jahrzehnte, um dann schließlich doch eine einzuführen. Andere Gemeinden wie Hannover und Bamberg beschlossen, keine Orgel aufzustellen, obwohl ihr Gottesdienst nicht streng orthodox war. Viele *Einheitsgemeinden* (wie etwa Oppeln und Glogau) mit nur einer Hauptsynagoge führten im Gottesdienst Orgelbegleitung ein, scheinbar ohne sich über Einwände von traditionsgebundener Seite Sorgen zu machen. Orthodoxe *Einheitsgemeinden* waren meist in kleineren Orten zu finden, es gab aber auch einige in mittelgroßen oder größeren Städten, insbesondere in Fulda, Halberstadt, Altona and Würzburg. Austrittsorthodoxe Gemeinden befanden sich gewöhnlich in großen Städten, eine jedoch auch in der recht kleinen Stadt Bingen am Rhein, ein Ort der im Jahr 1880 7062 Einwohner zählte, darunter 542 Juden. Im Vergleich zur imposanten liberalen Hauptsynagoge des Ortes war die orthodoxe Bingener Synagoge jedoch ziemlich klein.

Die Etablierung der großen *Einheitsgemeinden* hat zweifellos (neben dem vom Breslauer Seminar ausgehenden Einfluss) dazu beigetragen, dass das liberale Judentum eine moderate Haltung angenommen und beibehalten hat.

Das Spektrum religiösen Lebens auf individueller und Gemeindeebene

Gemeinsamkeiten in der Vielfalt des Judentums in Deutschland

Obwohl sich von Mitte bis Ende des 19. Jahrhunderts allmählich konkurrierende religiöse Bewegungen herausbildeten und konsolidierten, entwickelten sich im religiösen Leben der Juden gleichwohl einige gemeinsame Charakteristika, die ein Großteil der Gemeinden in Deutschland teilte. So gab es – abgesehen von wenigen Vereinzelten, die sich im 20. Jahrhundert von osteuropäischen Trends beeinflussen ließen – kaum Anzeichen für das Aufkommen einer ultraorthodoxen Strömung ähnlich derer, die sich in Ungarn entwickelt hatte. Dort wiesen orthodoxe Rabbiner 1865 alle Neuerungen zurück (darunter moderne Kleidung zu tragen, in der Umgangssprache zu predigen, weltliche Bildung zu erwerben und sogar Synagogen mit Türmen zu errichten) und verlangten weitaus strengere religiöse Normen als zuvor. In Deutschland opponierte hingegen seit Mitte des 19. Jahrhunderts kein bedeutendes Oberhaupt der Orthodoxen mehr gegen den Erwerb einer säkularen Bildung, den Gebrauch des Hochdeutschen im Gemeindeleben und in Predigten oder gegen eine soziale Anpassung an die moderne Welt. Die deutsche Orthodoxie hatte, obgleich einige ihrer Führungskräfte gegen das liberale Judentum in all seinen Formen kämpferisch Stellung bezogen, nichts gegen die westliche Kultur einzuwenden. In Synagogen aller in Deutschland vertretenen Glaubensrichtungen wurden Verhaltensvorschriften eingeführt. Diese zielten unter anderem darauf ab, dem Gemeindegesang und der Chormusik Vorrang einzuräumen und lautes Beten Einzelner ebenso wie ekstatisches *Schaukeln* während der Gebete zu unterbinden. Angestrebt wurde stattdessen eine achtbarer, bürgerlicher Ton, der sich deutlich abhob vom früheren, informellen Verhalten, welches antisemitische Deutsche veranlasst hatte, den Begriff »*Judenschul*« als Synonym für Unordnung zu verwenden. Selbst orthodoxe Kantoren und Rabbiner trugen schwarze Talare und Birette. Und selbst in vielen Dorfsynagogen wurde erwartet, dass erwachsene Männer zum Sabbatgottesdienst einen *Zylinderhut* trugen. Obwohl Spuren der älteren, informellen Praktiken erhalten blieben (wie etwa zu spät zu kommen, sich mit dem Nachbarn zu unterhalten oder den Geräuschen der Straße Aufmerksamkeit zu schenken), wandelte sich gegen Ende des 19. Jahrhunderts die Atmosphäre im Großen und Ganzen in die Richtung eines gedämpften, weihevollen Gottesdienstes. Diese Veränderungen brachten es öfter mit sich, dass die Gemeindemitglieder zu Zuschauern degradiert wurden, die dem von Rabbiner, Kantor und Chor gestalteten Gottesdienst still und fast teilnahmslos folgten.

Im Laufe des 19. Jahrhunderts errichteten immer mehr Gemeinden imposante, von der Straße aus sichtbare und teilweise freistehende Synagogen, die sich von den unauffälligen Gebetsstätten unterschieden, die vor der Emanzipation an den meisten Orten bestanden hatten. Beim Bau mancher dieser neuen Synagogen (durchaus nicht immer nur der liberalen) wurde auf kirchenähnliche, gotische oder romanische Stilelemente mit Türmen und großen Buntglasfenstern zurückgegriffen. Häufig bevorzugten Juden allerdings maurische Architektur mit Gewölbegängen, Kuppeln und anderen angeblich »orientalischen« Merkmalen, um ihre mutmaßliche Herkunft aus dem Nahen Osten anzudeuten. Im Innern liberaler und orthodoxer Synagogen waren neben bedeutenden Unterschieden oft auch architektonische Ähnlichkeiten zu finden. So hatten Frauen in Synagogen beider Ausrichtungen üblicherweise auf Galerien Platz zu nehmen, wobei jedoch die Liberalen das *Gitter* entfernten, welches die Frauen vor Blicken verbergen sollte. Befestigte Bänke (*Subsellien*) ersetzten die ehemals üblichen, individuell beweglichen Sitze und Pulte (*Ständer*), und selbst einige orthodoxe Rabbiner mussten das Zugeständnis machen, eine Art Altarraum zu schaffen und dafür das Thoralesepult von seinem angestammten Platz inmitten des Männerbereichs zur Vorderseite versetzen zu lassen.

In der Frühzeit der Emanzipation neigten Juden (und wohlmeinende Christen) dazu, die althergebrachte, auf Juden und ihre Religion bezogene Terminologie zu vermeiden, und stattdessen auf Euphemismen auszuweichen, die Juden weniger fremd erscheinen ließen. Juden wurden gemeinhin als »*Israeliten*« bezeichnet und statt von der »*Schul*« wurde nun von *Synagoge, Tempel* oder *Gotteshaus* gesprochen. (Dass der Begriff Tempel, der ansonsten für protestantische Andachtsorte und Versammlungsstätten der Freimaurer benutzt wurde, auch als Bezeichnung für Synagogen Verwendung fand, war vom frühen Reformjudentum eingeführt worden. Herkömmlicherweise hatten Juden mit dem Begriff allein den antiken Tempel in Jerusalem bezeichnet, an dessen Wiedererrichtung in messianischer Zeit traditionsbewusste Juden glaubten. Dieser Gebrauch des Wortes Tempel für jüdische Gotteshäuser beinhaltete – wenn auch nicht immer ausdrücklich –, dass die Synagoge als ein dauerhafter Ersatz für den Jerusalemer Tempel galt, dessen Wiederaufbau weder nötig noch wünschenswert sei.) Im frühen 19. Jahrhundert vermieden viele »moderne« Rabbiner und Gemeinden den Titel *Rabbiner* und favorisierten christlich oder neutral klingende Bezeichnungen wie »*Geistlicher*« oder »*Prediger*«. Hatten sie einen Doktortitel, zogen sie es vor, als *Herr Doktor*, statt als *Herr Rabbiner* angesprochen zu werden. Selbst der orthodoxe Isaac Bernays lehnte 1821 die Anrede Rabbiner ab und beharrte darauf, den sephardischen Titel *Hacham* zu tragen. Von einer noch weitgehenderen Anpassung an die nichtjüdische Welt zeugen (später im 19. Jahrhundert fallen gelassene) Ausdrücke wie etwa »*Osterbrot*« für Matze, »*Kirche*« für Synagoge (wie in *Israelitische Oberkirchenbehörde*, Württemberg) und *Konfirmation* für Bar Mitzwa oder auch die Nutzung eines Frage-und-Antwort-Schemas nach Art des *Katechismus*, um jüdische Kinder in ihrer Religion zu unterrichten.

Sowohl orthodoxe als auch liberale Gottesdienste wurden meist auf Hebräisch abgehalten; gepredigt wurde normalerweise aber auf Deutsch. Männer trugen eine Kopfbedeckung und saßen von den Frauen getrennt. Nur wenige »radikale« Vereinigungen wie die Berliner *Reformgemeinde* wichen von alldem mit fast nur deutschsprachigen Gebeten, einer geschlechtergemischten Sitzordnung und barhäuptig betenden Männern ab. Die Grenzen zwischen der Orthodoxie und dem Mainstream des liberalen Judentums wurden von ganz bestimmten Praktiken markiert. An erster Stelle stand dabei der Einsatz einer Orgel (oder eines Harmoniums) zur Begleitung der Gottesdienste am Sabbat oder an den Feiertagen. In den meisten großen liberalen Synagogen, die es sich leisten konnten, wurde eine Orgel oder ein Harmonium in der Regel in der zweiten Hälfte des 19. Jahrhunderts eingeführt. Die Orthodoxen hielten hingegen strikt an ihrer Ablehnung der Orgel fest. Das orthodoxe Berliner Rabbinerseminar fügte sogar im Abschlussdiplom eine Klausel ein, die besagte, dass die Ordinierung eines Absolventen automatisch widerrufen werde, sollte er in einer Synagoge dienen, in der eine Orgel eingesetzt wurde. Einige traditionelle Gemeinden nutzten Orgeln oder Instrumentalmusik zwar werktags bei Hochzeiten und anderen Ereignissen, erlaubten dies jedoch nie am Sabbat oder Feiertag. Eine weitere grenzmarkierende Praxis war die Mitwirkung von Frauen im Chor der Synagoge, die von Orthodoxen ebenfalls abgelehnt wurde. Obgleich viele orthodoxe Synagogen vierstimmige Chöre eingeführt hatten, war das Singen darin nur Männern oder Jungen erlaubt. Manche Synagogenkomponisten des 19. Jahrhunderts wie Louis Lewandowski fertigten ihre Musik oft in zwei Versionen – eine Fassung für liberale Synagogen mit Orgel und gemischtem Chor sowie eine für orthodoxe mit unbegleiteten Männerstimmen. Zwar hatten sich ursprünglich einige der später federführenden Orthodoxen solchen Innovationen angeschlossen, wie das Kol Nidre-Gebet abzuschaffen oder Konfirmationen einzuführen, doch nach der Mitte des 19. Jahrhunderts war beides in keiner orthodoxen Gemeinschaft mehr gestattet.

»Die Feminisierung religiösen Empfindens«

Jüdische Gesetze und Gebräuche schränkten traditionell die religiöse Rolle der Frauen ein. Frauen saßen in den Synagogen nicht nur in abgetrennten Bereichen, sie durften auch keinen Gottesdienst leiten (wozu sonst jeder über 13-jährige männliche Jude berechtigt war), und sie waren darüber hinaus von einer weiteren wichtigen religiösen Tätigkeit ausgeschlossen – dem ernsthaften Studium von Thora und Talmud. Überlieferte jüdische Religionsgesetze untersagten es einer Frau außerdem, eine Heirat oder eine Scheidung in die Wege zu leiten; ferner sprachen sie Frauen geringere Erbschaftsansprüche als ihren Brüdern zu und schlossen sie als Zeuginnen vor einem religiösen Gericht aus. Und für den Minjan (Quorum der Zehn), der für einen öffentlichen Gottesdienst erforderlich war, zählten nur Männer älter als 13 Jahre.

Neuere Forschungen haben allerdings gezeigt, dass im 19. Jahrhundert die Bedeutung von Frauen im religiösen Leben deutscher Juden erheblich wuchs – ungeachtet der Tatsache, dass das liberale Judentum selbst verhältnismäßig wenig dafür getan hat, die religionsrechtliche Situation gleichberechtigter zu gestalten. Diesbezügliche Vorschläge von einigen frühen Reformern trugen kaum Früchte, und so blieben die meisten Restriktionen auch im liberalen Judentum die gesamte zweite Hälfte des 19. Jahrhunderts hindurch bestehen. Die wesentliche Änderung der Stellung der Frauen resultierte stattdessen aus einem grundlegenden Wandel der Vorstellung davon, was das religiöse Leben der Juden eigentlich ausmache. In einem sich neu entwickelnden Denkansatz wurden die häusliche Rolle der Frauen und ihre »angeborene Spiritualität« betont sowie die Bedeutsamkeit des traditionell männlich-dominierten Thorastudiums (und der Respekt davor) gravierend gemindert. Selbst unter den Orthodoxen maßen religiöse Würdenträger den Meinungen und der Religiosität von Frauen weit mehr Gewicht zu als früher. Vielleicht ohne sich vollständig im Klaren darüber zu sein, übernahmen sowohl orthodoxe als auch liberale Führungskreise die verbreitete deutsche Ansicht, dass Spiritualität und »Kirche« eher weibliche als männliche Sphären seien. Religiöse Oberhäupter jedweder Bewegung legten einen stärkeren Akzent auf das Judentum als Religion der Familie und betonten die Rolle der Frau in der häuslichen Glaubenspraxis. Die religiöse Erziehung der Kinder, religiöse Haushaltsgebote und die Feiertagsmahlzeiten sowie die familiäre Einhaltung der Sabbat- und Speisegesetze – all dies wurde nun in erster Linie im Verantwortungsbereich der Ehefrauen und Mütter verortet.

Das deutsch-jüdische Vereinsleben hatte sich noch im 18. Jahrhundert und auch zuvor stark auf Bruderschaften (Chewras) konzentriert, deren (männliche) Mitglieder gemeinsam die heiligen Schriften studierten und sich ansonsten wohltätig engagierten, z.B. beim Krankenbesuch, in der Armenhilfe und bei der Totenbestattung. Im 19. Jahrhundert jedoch gründeten jüdische Frauen eigene Wohlfahrtsvereine wie auch Gesellschaften, um Kranke zu besuchen und Tote zu beerdigen. Der Unterschied zwischen den religiösen Organisationen von Männern und Frauen verblasste, als die Bindung der Männervereine an die traditionelle Gelehrsamkeit so gut wie verschwand. Im Übrigen scheinen jüdische Frauen in Deutschland erheblich früher eigene Vereine gegründet zu haben als ihre christlichen Zeitgenossinnen.

Im späten 19. und frühen 20. Jahrhundert haben orthodoxe Frauen in Deutschland anscheinend häufiger die Synagogen besucht als in früheren Zeiten. So gingen die meisten verheirateten und viele unverheiratete Frauen am Sabbat und an den Feiertagen regelmäßig in den Morgengottesdienst. Dennoch übertrafen in orthodoxen Gottesdiensten Männer zahlenmäßig die Frauen, und werktags handelte es sich bei den Gläubigen fast ausschließlich um Männer. Ein anderes Bild bot sich in vielen liberalen Synagogen, besonders in den Städten. Hier gingen viele Männer auch am Sabbat und an den meisten Feiertagen ihren Geschäften nach (einmal abgesehen von bedeutenden Festtagen wie Rosch ha-Schana und Jom Kippur). Daher stellten Frauen außer an den hohen Feiertagen die Mehrheit der Andächtigen in liberalen Tempeln. Beim Neubau von Synagogen wurde im Vergleich zu früher zwar einen größeren Anteil der Sitze für Frauen vorgesehen, doch trotzdem verfügten viele Synagogen weiterhin über mehr Plätze für Männer als für Frauen.

Verschiedene Faktoren, wie etwa der Niedergang der traditionellen Gelehrsamkeit, die Angst um die religiöse Zukunft der

Jugend und die Einführung weltlicher Bildung für Jungen und Mädchen, brachten jüdische Autoritäten dazu, die Religionserziehung von Jungen und Mädchen gleichberechtigter zu gestalten. Orthodoxe wie Reformer widmeten der religiösen Unterweisung der »künftigen Mütter in Israel« große Aufmerksamkeit. Indem sich der Unterricht besonders bei liberalen Juden weniger auf die Schriften (und weniger auf die hebräische Sprache) stützte, verloren die einstigen Kennzeichen der Unterweisung von Jungen erheblich an Bedeutung.

Deutsch-jüdische Würdenträger des 19. Jahrhunderts wandten sich in vielfältiger Weise der Religiosität von Frauen zu. Gebete, Religionsunterricht und Schicklichkeit sowie – bei den Liberalen –viele liturgische Änderungen waren in beträchtlichem Maße darauf gerichtet, das Interesse und die Unterstützung jüdischer Frauen zu gewinnen. Das Judentum wurde nun mehr auch als eine Sache des religiösen Gefühls und tief empfundener *Erbauung* porträtiert und weniger als ein Ensemble von Regeln oder unbedachten Praktiken. In Predigten wurde oft das familiäre Wesen des Judentums unterstrichen und häufig dessen sanfte, weibliche Seiten gepriesen. (Die Betonung von Sanftheit und Familienorientierung im Hinblick auf den jüdischen Mann wurde im späten 19. Jahrhundert allerdings zurückgedrängt, was sowohl mit der Herausforderung durch antisemitische Stereotype über den unmännlichen Mann als auch mit der unter einigen Juden verbreiteten Vorstellung vom »*Muskeljudentum*« zu tun hatte.)

Religiöse Literatur für Frauen auf Jiddisch war bei aschkenasischen Juden, einschließlich den deutschen, mindestens seit der Frühen Neuzeit in Gebrauch. Zu dieser Textgattung gehörten Moralschriften (Mussar), die Bibelparaphrase für Frauen Tsena Urena und Gebetbücher für die private Andacht von Frauen (T'chines). Männer, die Hebräisch nicht gut beherrschten (und insofern betrachtet wurden, »wie Frauen zu seien«), griffen ebenfalls auf diese jiddischsprachige Literatur zurück. Jiddische Gebetstexte genossen indes nicht das gleiche Ansehen oder den Status der offiziellen, von Männern verwendeten hebräischsprachigen Gebetbücher, selbst wenn Frauen sie in der Synagoge parallel zum offiziellen Gottesdienst der Männer nutzten. In Frauengebetbüchern wurde viel mehr Wert auf die emotionale Seite des Glaubens gelegt als in der Liturgie der Männer. (Daher verspottete eine Frau diese Art von Literatur in ihren im 19. Jahrhundert verfassten Memoiren mit der Bemerkung, eine Randnotiz in solch einem Gebetbuch habe gelautet: »*allhier wird geheult*«.) Jiddisch kam bei der Mehrheit der deutschen Juden im Laufe des 19. Jahrhunderts außer Gebrauch und wurde durch Hochdeutsch ersetzt (manchmal mit der Zwischenstufe, Hochdeutsch in hebräischen Buchstaben zu schreiben). Überlieferte Frauengebetbücher wurden »modernisiert« und in eine hochdeutsche Fassung umgearbeitet; zudem wurde im 19. Jahrhundert eine Anzahl neuer Gebetbücher für Frauen verfasst – meist von Männern, darunter einige liberale Rabbiner. Das populärste unter den jüdischen Frauengebetbüchern in deutscher Sprache war jedoch *Stunden der Andacht*, das 1855 von Fanny Neuda, einer Rabbinerwitwe aus Mähren, verfasst worden war und im 19. und 20. Jahrhundert dutzende Neuauflagen erlebte.

Neuerungen beim Synagogenritual – chronologischer und geografischer Verlauf

In den 1830er und 1840er Jahre schälten sich aus dem breiten Spektrum religiöser Anschauungen ein orthodoxer, ein reformerischer und ein dazwischen angesiedelter Strang heraus. Gleichwohl dauerte es noch bis in die 1870er Jahre, bis diese Strömungen sich deutschlandweit als institutionelle Bewegungen zu organisieren begannen. Neuerungen (oder der Widerstand dagegen) traten im Allgemeinen in bestimmten, örtlichen Gemeinden auf und beruhten auf der Kräfteverteilung vor Ort. Eine Zusammenarbeit und der Austausch über religiöse Ideen und Institutionen kam zwischen den lokalen Religionsvorstehern auf unterschiedliche Art und Weise zustande, aber noch nicht durch offizielle orthodoxe oder liberale Verbände. Reformgeneigte Rabbiner versammelten sich zu drei Konferenzen 1844 in Braunschweig, 1845 in Frankfurt am Main und 1846 in Breslau. Die ursprüngliche Idee jährlicher Treffen wurde aber infolge der Revolution von 1848 nicht verwirklicht. Die nächsten bedeutenden Zusammenkünfte führender Reformer fanden – nach einer vorbereitenden Konferenz 1868 in Kassel – auf den Synoden 1869 in Leipzig und 1871 in Augsburg statt. Ein wichtiges Medium für den Austausch über Glaubensfragen bildeten außerdem die deutschsprachigen jüdischen Wochenzeitungen, die in den späten 1830er Jahren aufkamen.[5] Diese dienten zwar gelegentlich als persönliche Sprachrohre ihrer Herausgeber, vertraten aber häufig klare ideologische Standpunkte, wobei die Bandbreite vom radikalreformerischen *Israelit des neunzehnten Jahrhunderts* (1839-1848) bis zum orthodoxen *Treuen Zionswächter* (1845-1854) reichte. Zahlreiche der Veröffentlichungen erschienen nur über kurze Zeitspannen, doch die gemäßigt-reformerische *Allgemeine Zeitung des Judentums* (1837-1922) und der orthodoxe *Israelit*[6] (1860-1938) blieben für viele Jahre erfolgreich. Monatlich oder vierteljährlich erscheinende Publikationen, die oft einem wissenschaftlicheren Ansatz verpflichtet waren, trugen ebenfalls zur Debatte zwischen den religiösen Trends bei.

Obschon erste Reformgebetbücher bereits aus der Zeit von 1815 bis 1819 datieren, wurden in den 1820er und 1830er Jahren keine weiteren veröffentlicht; und von denen, die in den 1840er Jahren erschienen, erzielte lediglich die Neuausgabe des Gebetbuchs des Hamburger Tempels (1841) eine Breitenwirkung. Doch seit den 1850er Jahren und bis ins frühe 20. Jahrhundert anhaltend wurde eine ganze Reihe liberaler Gebetbücher publiziert. Diese waren in der Regel von einem Rabbiner für eine bestimmte Gemeinde gedacht, wurden dann zuweilen aber auch außerhalb ihres Ursprungsortes für den Gebrauch anerkannt. Oberhalb von einer lokalen Ebene gab es seit 1894 ein Gebetbuch für Westfalen sowie die vom jüdischen Oberrat in Baden vorgeschlagene Liturgie von 1905 (die aber schließlich nach einer erbittert geführten orthodo-

5 Ältere jüdische Periodika wie etwa Sulamith erschienen nicht gleichermaßen häufig oder regelmäßig.

6 Nicht zu verwechseln mit dem oben erwähnten *Israelit des neunzehnten Jahrhunderts*.

xen Kampagne zurückgezogen wurde). Erst 1929 kam ein liberales Einheitsgebetbuch für alle Gemeinden in Deutschland heraus, aber selbst dann noch in gesonderten Fassungen für Frankfurt, Berlin und Breslau.

Da sich die Ausbreitung von Neuerungen in der religiösen Lebenswelt der Juden im Allgemeinen auf einer lokalen Ebene vollzog, lässt sich aus Zeitungsartikeln und Lokalgeschichten lediglich ein ungefähres Gesamtbild des geografischen und chronologischen Verlaufs der Veränderungen zusammenfügen. In der ersten Hälfte des 19. Jahrhunderts sorgten landesherrschaftlicher Einfluss und Druck manchmal für Änderungen im religiösen Leben. Manche Regierungen behinderten zwar innerjüdische Religionsreformen oder verboten diese sogar (vor allem Preußen zwischen 1823 und etwa 1840). Andere wiederum, besonders die west- und mitteldeutschen Kleinstaaten (in erster Linie Anhalt und die später zu Thüringen zusammengeschlossenen kleinen Fürstentümer), ermunterten aktiv zu Änderungen der traditionellen Praxis. In einigen deutschen Ländern hatte ein Umbruch in der Regierungspolitik bedeutende Auswirkungen. So schaltete die Regierung in Bayern 1838 von Reformförderung zum Verbot von »Neologie« um und untersagte bayerischen Rabbinern gar die Teilnahme an den Reformkonferenzen der 1840er Jahre. In Mecklenburg-Schwerin, wo die Regierung in den 1830er und 1840er Jahren radikale Oberrabiner ernannt hatte, versuchte sie nach der gescheiterten Revolution von 1848 eine orthodoxe Vorherrschaft wieder herzustellen – allerdings mit relativ geringem Erfolg. Gewöhnlich neigten konservative Regierungen dazu, die jüdische Religionsreform zu bremsen, während liberalere Regierungen dieser tendenziell positiver gegenüberstanden. Nach den 1860er Jahren gab es nur noch selten Bestrebungen, eine Regierung in die Konflikte zwischen Traditionalisten und Reformern hineinzuziehen.

Synagogenordnungen waren vielerorts das erste Anzeichen für Veränderungen in der traditionellen Glaubenswelt. Solche Ordnungen gaben viele lokale Gemeinden heraus, manchmal wurden sie aber auch für einen ganzen Bezirk (1838 in Mittelfranken) oder für ein gesamtes Land (Königreich Westphalen, Württemberg, Mecklenburg-Schwerin) erlassen. Diese regional geltenden *Synagogenordnungen* wurden im Allgemeinen mehr oder weniger ausdrücklich von den staatlichen Autoritäten gestützt. Die früheste *Synagogenordnung* stammt aus dem Jahr 1810, weitere erschienen seit den 1820er Jahren das ganze 19. Jahrhundert hindurch. Bis Mitte der 1830er Jahre stellten diese Ordnungen die halachischen Praktiken nur selten direkt infrage, sondern enthielten viele Vorschriften, die Schicklichkeit befördern und »ungebärdige« Volksbräuche abschaffen sollten. Nach den 1830er Jahren schrieben einige *Synagogenordnungen* aber auch wichtige Änderungen in der traditionellen Liturgie vor. Die austrittsorthodoxe *Israelitische Religionsgesellschaft* gab ihrerseits 1874 in Frankfurt eine Synagogenordnung heraus, die Schicklichkeitsregeln mit der Beibehaltung der traditionellen Liturgie und der Bräuche verknüpfte.

Viele der ganz frühen Synagogenordnungen und andere Neuerungen wie Chöre, deutschsprachige Predigten und Konfirmationszeremonien wurden in kleinen und mittelgroßen Gemeinden in Süd- und Westdeutschland eingeführt. Regionen in Mitteldeutschland nahe der Elbe, die nur über eine relativ geringe jüdische Bevölkerung verfügten, bildeten ebenfalls frühe Zentren der Erneuerung. In den meisten Teilen Deutschlands stellte die Einführung regelmäßiger deutschsprachiger Predigten eine der frühen Neuerungen dar, deren Erfolg und Verbreitungstempo davon abhing, ob entsprechend qualifizierte Rabbiner oder Prediger verfügbar waren, die ausreichend Hochdeutsch sprachen und säkular gebildet waren, um diese Predigten überhaupt halten zu können. Zur Einführung von Chören (gewöhnlich Schuljungen) kam es in den 1840er und 1850er Jahren ebenfalls in vielen Teilen Deutschlands. Nur eine recht kleine Zahl von Gemeinden setzte im Chor Frauenstimmen ein. Mancherorts beklagten sich Gläubige, mit einem Chor verwandele sich die Synagoge in einen Konzertsaal oder ein Theater; auch gab es einige wenige Anzeichen aktiveren Widerstands. Trotzdem wurden Chöre sowohl in orthodoxen als auch in liberalen Synagogen – insbesondere in größeren Gemeinden im letzten Drittel des 19. Jahrhunderts – gang und gäbe. Im Falle der Konfirmation scheint dahingegen im Laufe der Zeit der Widerstand von traditionsgebundener Seite zugenommen zu haben. Eine Reihe von Gemeinden, die ursprünglich die Konfirmierung von Jungen und Mädchen gebilligt hatten, ließen um die Mitte des Jahrhunderts die Praxis wieder fallen, da der Widerstand von orthodoxer Seite entschiedener geworden war.

Das deutlichste Zeichen für einen Traditionsbruch in der Liturgie – die Aufstellung einer Orgel oder (falls die Gemeinden sich keine leisten konnten) eines Harmonium in der Synagoge – ist geografisch und chronologisch recht leicht nachzuvollziehen. Die ersten Orgeln in deutschen Synagogen tauchten zwischen 1810 und 1818 in den Reformtempeln von Berlin, Hamburg und der Kleinstadt Seesen im Land Braunschweig auf. Nach 1823 existierten solche Orgeln soweit bekannt nur noch in Hamburg, Seesen und in der Synagoge für Besucher der Leipziger Messe. In den 1840er Jahren gab es in etwa einem Dutzend Gemeinden Diskussionen über die Einführung von Orgeln, wirklich installiert wurden aber nur wenige. Seit ungefähr 1850 beschleunigte sich das Tempo der Orgelaufstellungen rapide. Die meisten wurden bei der Neuerrichtung von Synagogengebäuden eingebaut. 1877 wurde aber sogar in der 700 Jahre alten Synagoge von Worms eine Orgel eingeführt. Um 1898 zählte der *Deutsch-Israelitische Gemeindebund* 130 Synagogen in Deutschland mit Orgel oder Harmonium (1906 waren es 154). Obwohl es am ehesten in den größten Gemeinden eine »*Orgelsynagoge*« gab (gelegentlich neben einer Synagoge der Orthodoxen, die Orgeln ablehnten), waren durchaus auch in Gemeinden mit weniger als 300 jüdischen Einwohnern eine ganze Reihe von Harmonien und Orgeln zu finden.[7] Gemeinden mit Orgel konzentrierten sich insbesondere entlang des Rheins, in den Bezirken von Westfalen, der Rheinprovinz, der Rheinpfalz und Rheinhessens, wo selbst Gemeinden in recht kleinen Orten oftmals Orgeln hatten.

---

7 Im Jahr 1903 hatten 71 der Gemeinden mit Orgel oder Harmonium über 500 und 59 weniger als 300 Mitglieder.

War das Vorhandensein einer Orgel in der Synagoge ein Zeichen für Reformneigungen in einer Gemeinde, so war das Fortbestehen einer funktionierenden Mikwe (Ritualbad) ein Zeichen für die Behauptung der Tradition. Es ist daher kaum überraschend, dass es sich bei den Gegenden, in denen sich Orgeln oder Mikwes häuften, selten um die gleichen handelte. Über Ritualbäder verfügte im Jahr 1903 die Mehrzahl jüdischer Gemeinden der östlichen Provinzen von Ost- und Westpreußen sowie Posens ebenso wie die Mehrheit der Gemeinden in südlichen Ländern wie Bayern, Baden, Hessen(-Darmstadt) und Württemberg sowie in der preußischen Provinz Hessen-Nassau. Unter 20 Prozent lag der Anteil der Gemeinden mit Mikwes dagegen im Königreich Sachsen und in den preußischen Provinzen Brandenburg, Pommern und Sachsen. In Westfalen waren von 75 Gemeinden nur sieben verzeichnet, ein Ritualbad zu unterhalten.

Parallel zu den Mikwes konnte die Häufigkeit jüdischer Gottesdienste als Zeichen für Traditionsgebundenheit dienen. Im Jahre 1906 meldete eine Mehrzahl jüdischer Gemeinden in der Provinz Posen sowie über ein Viertel der Gemeinden in den südlichen Ländern und Hessen-Nassau, täglich Gottesdienste abzuhalten. In Hessen-Nassau, Bayern, Baden und Württemberg meldeten sogar viele Gemeinden mit weniger als 100 Mitgliedern tägliche Gottesdienste. Die meisten anderen Gemeinden in Deutschland berichteten indes, nur den Sabbat-Gottesdienst abzuhalten, und über zehn Prozent gaben an, nur an jüdischen Feiertagen Gottesdienste abzuhalten, was insbesondere bei Gemeinden im preußischen Sachsen und in Hannover der Fall war.

Die Entwicklungen in den früheren polnischen Kreisen von Posen und Westpreußen haben weniger wissenschaftliche Aufmerksamkeit auf sich gezogen als die in den Dörfern Süd- und Westdeutschlands. In diesen östlichen Gebieten lebten die meisten Juden in großen Gemeinden, die einen wesentlichen Teil der jeweiligen Stadtbevölkerung bildeten – manchmal sogar eine Mehrheit. Erste Anzeichen für Neuerungen hinsichtlich der Schicklichkeit, der Predigten und Chöre sowie in der Bildung traten hier mehrere Jahrzehnte später als in Süddeutschland auf.

Um die 1840er Jahre gab es allerdings viele Hinweise auf einen religiösen Aufbruch, dazu zählten die Ernennung von akademisch ausgebildeten Rabbinern und einige Änderungen im Synagogengottesdienst. In der Stadt Posen wurde in den 1850er Jahren eine liberale »*Israelitische Brüdergemeinde*« gegründet, die 1871 eine Orgel aufstellte. Trotz solcher Vorstöße des liberalen Judentums behielt ein Großteil der Juden in der Provinz Posen bis zum Ende des 19. Jahrhunderts einen verhältnismäßig traditionellen Stil bei. Viele der jüdischen Gemeinden in der Provinz unterhielten das ganze Jahrhundert hindurch ein funktionierendes Bet Midrasch (Talmudlehrhaus), in dem sich Laien trafen, um jüdische Schriften zu studieren. In den Nachbarprovinzen Posens, in die viele Posener Juden abwanderten (vor allem nach Schlesien und Pommern), gelang es dem liberalen Judentum dagegen deutlich weiter vorzustoßen.

Die Einführung von Neuerungen und der Grad ihrer Akzeptanz hing von mehreren Faktoren ab. Verwaltungsmäßig wurden jüdische Gemeinden von einem Laiengremium (*Vorstand*) geleitet, das von den männlichen Haushaltsvorständen gewählt wurde, manchmal in einem Modus, der Wohlhabende begünstigte. Rabbiner verfügten über moralische und religiöse Autorität, hatten aber keine Vollzugsgewalt mehr. So schlugen sie zwar oft Neuerungen vor oder widersetzten sich welchen, waren aber nicht immer in der Lage, ihre Ziele zu erreichen, weshalb sie häufig mit dem Vorstand Kompromisse schließen mussten. (In vielen, insbesondere süd- und westdeutschen Kleinstadtgemeinden gab es keinen Rabbiner, sondern nur einen Religionslehrer, der erheblichen Einfluss hatte, theoretisch aber dem Bezirksrabbiner unterstand.) Die einfachen Gemeindemitglieder stimmten nicht unbedingt mit allen Entscheidungen des *Vorstands* überein und bisweilen machten sie ihre Ansichten auch publik: durch passiven Widerstand, mit öffentlichen Treffen und in seltenen Fällen auch mit gewaltsamen Mitteln. Einen letzten Machtfaktor stellten die Regierungen der verschiedenen Länder dar, die vor allem in der ersten Hälfte des 19. Jahrhunderts ihre eigenen Vorstellungen von jüdischer Religion durchzusetzen suchten und manchmal versuchten, zwischen den verschiedenen religiösen Strömungen des Judentums zu vermitteln.

Obschon einige Gemeinden eine bemerkenswert beständige Loyalität zu einer der Religionsrichtungen zeigten, wechselten im Laufe der Zeit doch ziemlich viele das Lager. Im Gesamttrend wuchs allmählich das liberale Judentum auf Kosten der Tradition. Dies war zum Teil ein Ergebnis des Generationswechsels, da jede neue Generation eine breitere säkulare Bildung erlangte und eine geringere Bindung an die Tradition aufwies. Darüber hinaus hatte die Urbanisierung bedeutenden Einfluss. Mit zunehmender Freizügigkeit zog eine stetig wachsende Anzahl deutscher Juden aus Dörfern und Kleinstädten in städtische Gebiete. Dieser Prozess beeinflusste die religiösen Verhältnisse in zweierlei Weise. Zum Einen verließen viele Juden die kleinen Orte, in denen soziale Kontrolle die jüdische Tradition gestärkt hatte; in der neuen städtischen Umgebung fiel es ihnen dann leichter, althergebrachte Bräuche fallen zu lassen. Zum Anderen gibt es viele Anhaltspunkte dafür, dass die Urbanisierung dazu führte, in kleineren Orten progressive religiöse Kräfte zu schwächen, da hier die innovativsten jüdischen Einwohner abwanderten. Etliche Rabbiner, die in den 1840er Jahren zu den Reformkonferenzen gekommen waren, hatten noch Kleinstädte wie Buchau, Stadtlengstfeld, Hoppstätten und Meiningen vertreten. In manchen urbaneren Gemeinden (wie Mainz, Darmstadt und Bonn) widerstanden dagegen gelehrte und einflussreiche ältere Rabbiner den Reformkräften für mehrere Jahrzehnte. Später jedoch ernannten einige der frühen kleinstädtischen Zentren der Reformbewegung orthodoxe Rabbiner. Und im 20. Jahrhundert herrschte in den Gemeinden vieler dieser Kleinstädte eine vorwiegend traditionelle Atmosphäre – die vergangene liberale Phase war dort weitgehend vergessen.

Mit ganz wenigen Ausnahmen gewannen in den großen Städten gegen Ende des 19. Jahrhunderts (oft schon vor 1870) liberale Kräfte die Vorherrschaft in der jüdischen Gemeinde. In ziemlich vielen dieser Städte bauten Orthodoxe eigene, separate Synagogen, in denen am traditionellen Gottesdienst festgehalten wurde.

Gegen Ende des 19. Jahrhunderts repräsentierte die städtische jüdische Bevölkerung ein breites Spektrum religiöser Anschauungen und Bräuche. Viele widmeten Glaubensangelegenheiten nur noch geringe Aufmerksamkeit und besuchten eine Synagoge, wenn überhaupt, lediglich an den drei hohen Feiertagen. Andere behielten eine abgewandelte Version der Tradition bei, besuchten aber liberale Synagogen, während eine Minderheit der orthodoxen Lebensweise anhing. Viele, vielleicht sogar die meisten Juden, die die Orthodoxie verließen, gingen jedoch keine enge Bindung mit dem liberalen Judentum ein, sondern nahmen eher eine säkulare Haltung an.

Individuelle religiöse Einstellungen und Praktiken

Noch schwieriger, als die Glaubenswelt auf Ebene der Gemeinde zu charakterisieren, fällt es, die Bandbreite persönlicher religiöser Praktiken zu beschreiben. Die Quellen, zu denen Zeitungsberichte, familiäre Briefe und Memoiren gehören, sind verstreut und lückenhaft. Mit Sicherheit ist festzuhalten, dass das Ausmaß religiöser Homogenität stetig abnahm. Obwohl bekannt ist, dass es in mehreren städtischen Zentren schon im späten 18. Jahrhundert Juden gab, die rituelle Speisegesetze aufgaben, am Sabbat arbeiteten und den Gottesdiensten fernblieben, verblieben die meisten Kleinstadtgemeinden bis in die 1820er Jahre vermutlich mehr oder weniger einheitlich traditionell. Von den 1820er bis zu den 1840er Jahren nahm auch innerhalb der Kleinstadtgemeinden die Differenzierung zu, weil Einzelne in wachsender Zahl die traditionelle Lebensweise infrage stellten. In der zweiten Hälfte des 19. Jahrhunderts, als immer mehr Juden begannen, aus kleinen Orten fortzuziehen, wurden die Dorfgemeinden wieder gleichförmiger. In manchen Kleinstädten blieb die Tradition selbst im 20. Jahrhundert noch dominant, während in anderen viele der Traditionen aufgegeben wurden. In den Stadtgemeinden erstarkten die Reformkräfte zusehends und gewannen in den meisten Städten irgendwann zwischen 1850 und 1870 die Kontrolle über die Gemeinde. In einigen städtischen Gemeinden entwickelten sich austrittsorthodoxe Vereinigungen, in denen eine Minderheit der Gemeinschaft eine modernisierte Version der alten Traditionen bewahrte.

Die Art der Religionsausübung fiel häufig bei verschiedenen Mitgliedern ein und derselben Familie sehr unterschiedlich aus. Am üblichsten waren Konstellationen, bei denen die ältere Generation weiterhin religiöse Traditionen befolgte, während die Nachkommen diese zunehmend aufgaben. Außerdem gab es viele Fälle, in denen Ehepaare in religiösen Angelegenheiten uneins waren; manchmal war der Ehemann traditioneller, manchmal die Ehefrau. Meist jedoch hing es vom Ehemann ab, ob man am Sabbat einer Beschäftigung nachging, und es lag an der Ehefrau, ob die Küche koscher blieb (mit Fleisch nur von koscheren Tieren und getrenntem Geschirr für Fleisch- und Milchgerichte). Bei der Abkehr von der Tradition ging es keineswegs um alles oder nichts. Häufig behielten Familien ein koscheres Zuhause (um es den Eltern zu ermöglichen, dort zu essen), während sie außer Haus durchaus nicht-koschere Speisen verzehrten. Viele Familien, die am Sabbat nicht die Synagoge besuchten oder an dem Tag ihr Geschäft öffneten, kamen dennoch freitagabends zu einem besonderen Essen zusammen, bei dem manchmal der Segen über Kerzen und Wein gesprochen wurde. Selbst Familien, die keine koscheren Speisen mehr aßen, genossen an jüdischen Feiertagen oft besondere jüdische Gerichte (wie Schalet, Kugel oder Hühnersuppe mit Matzeklößen). Hin und wieder wird in Memoiren, in denen zwar von einem nichtreligiösen Elternhaus die Rede ist, gleichwohl über die Mutter berichtet, sie habe am Sabbat still in ihrem Gebetbuch gelesen. Viele Leute, die sich später von der Tradition abwandten, berichten in ihren Lebenserinnerungen voller Zuneigung und Nostalgie über den Familiensabbat und die Feiertagsbräuche ihrer Kindheit. Es wird unklar bleiben, in welchen prozentualen Anteilen diese oder jene verschiedenen religiösen Praktiken befolgt worden sind, bekannt ist jedoch immerhin, dass viele liberale Gemeinden weiterhin einen Schlachter für koscheres Fleisch beschäftigten (wenngleich orthodoxe Juden dieses oftmals trotzdem nicht für ausreichend streng koscher erachteten).

Diejenigen deutschen Juden, die sich selbst weiterhin als traditionell oder orthodox betrachteten, konnten auf eine breite Palette von Praktiken und Überzeugungen zurückgreifen. Obschon des Öfteren liberale jüdische Führer manche Anhänger der Orthodoxie (vor allem in Stadtgemeinden) anschwärzten, vollkommen nicht-praktizierende »*Schinkenorthodoxe*« zu sein, war die tatsächliche Anzahl dieser Personen vermutlich recht gering. In süddeutschen Dörfern, die traditionell geblieben waren, folgte die Lebensweise dem althergebrachten Rhythmus des jüdischen Kalenders mit einer weit verbreiteten Beachtung der Feiertage, des Sabbat, der Speisegesetze und der Nutzung des Ritualbads durch Frauen. Weiterhin bauten Juden an Sukkot *Laubhütten* in ihren Höfen, unternahmen am Sabbat einen Spaziergang und verkleideten sich an Purim. Geschäftsreisende jüdische Männer beteten selbst in Gasthäusern oder im Zug mit angelegten *Gebetsriemen*. Trotzdem unterschied sich dieses jüdisch-orthodoxe Leben erheblich von einem dementsprechenden Dasein in Osteuropa. Die Kenntnis der Schriften war ausgesprochen gering und ein Talmudstudium kaum existent. Außerhalb der Synagoge hatten Männer nichts dagegen einzuwenden, Frauen beim Singen zuzuhören oder ihnen die Hand zu schütteln. Viele ländliche Gemeinden feierten Purim, Simchas Thora oder Chanukka mit Bällen und Gesellschaftstanz – in Osteuropa undenkbar. Am Sabbatnachmittag gingen jüdische Familien häufig in die Schänke, brachten ihr Abendessen dorthin mit und zahlten für die Getränke erst nach dem Ende des Sabbat. In den Städten waren ganz ähnliche Verhaltensmuster weit verbreitet, ausgenommen unter den strengeren austrittsorthodoxen Anhängern von Samson Raphael Hirsch. In deren Gemeinden trug zum Beispiel ein größerer Anteil der Frauen Perücken für verheiratete Frauen. Doch selbst bei den Anhängern von Rabbiner Hirsch war es (außerhalb der Synagoge) üblich, aus Respekt gegenüber einem gesellschaftlich höher stehenden den Hut zu ziehen – für orthodoxe Juden aus anderen Ländern ein verstörendes Verhalten.

Jüdische Zeitungen (insbesondere reformgeneigte) beklagten schon in den 1830er Jahren die Zunahme eines religiösen »*Indifferentismus*«. Diese Gleichgültigkeit konnte unterschiedlich definiert werden, doch normalerweise war damit gemeint, die Synagoge lediglich drei Mal im Jahr oder überhaupt nicht zu besuchen, die Speisegesetze nicht zu beachten sowie am Sabbat und an jüdischen Feiertagen berufstätig zu sein. Eine wachsende Zahl »indifferenter« Juden feierte zudem Weihnachten mit Geschenken, Weihnachtsbaum und einem Festmahl, aber ohne jeden religiösen Gehalt. Manche davon behaupteten freilich, einen Christbaum nur wegen ihren nichtjüdischen Hausangestellten aufzustellen. Voll ausgeprägter Atheismus blieb, ausgenommen bei einigen wenigen Intellektuellen, wahrscheinlich bis ganz zum Ende des 19. Jahrhunderts eine Seltenheit. Manch einer gab zwar an, nicht länger an ein Leben nach dem Tode oder an die Offenbarung zu glauben, doch vermutlich entwickelten die meisten der »Indifferenten« nie eine bewusste Religionsphilosophie. Viele gebildete Juden hielten an einer vagen Spiritualität fest, die wohl oft stärker von Goethe und Schiller als von Bibel oder jüdischer Tradition beeinflusst war.

Umwälzungen nach 1880: Dissimilation oder Säkularisierung?

In den späten 1870er und frühen 1880er Jahren kam es im Umgang der Juden mit der eigenen Stellung als Minderheit in Deutschland zu einem bedeutenden Umschwung. Hatten jüdisch-ideologische Selbstentwürfe zuvor in aller Regel eine rein religiöse Form angenommen, traten danach säkulare und ethnische Kriterien, um das Judentum zu definieren, stärker in den Vordergrund. Das Aufkommen unterschiedlicher Glaubensrichtungen innerhalb des Judentums war in beträchtlichem Maße vom Kampf der deutschen Juden um Gleichberechtigung als vollwertige Staatsangehörige der deutschen Länder beeinflusst worden. Zwischen der orthodoxen und der Reformbewegung in Deutschland herrschte Uneinigkeit darüber, in welchem Umfang eine gebotene Eingliederung in die deutsche Gesellschaft Änderungen in der religiösen Praxis und im religiösen Denken erforderlich mache. Die Frage der jüdischen Integration schien 1871 erledigt: Juden war die volle rechtliche Gleichstellung gewährt worden, und viele waren davon überzeugt oder hofften zumindest, dass die soziale Anerkennung schließlich folgen würde.

Infolge des wirtschaftlichen Abschwungs in den 1870er Jahren breitete sich jedoch in weiten Bereichen der deutschen Gesellschaft eine neue, wachsende Gegenbewegung zur jüdischen Gleichstellung aus. Dieser neuartige Antisemitismus, der verschiedene politische und ideologische Formen annahm, überraschte und enttäuschte viele deutsche Juden, die gehofft hatten, die Integration sei bald erreicht. Gleichwohl gingen etliche von ihnen zunächst davon aus, es handele sich bei der antisemitischen Woge der späten 1870er und frühen 1880er Jahre lediglich um ein vorübergehendes Aufwallen aussterbender mittelalterlicher Vorurteile. Allmählich jedoch zeichnete sich ab, dass die neuen antijüdischen Kräfte nicht einfach wieder verschwinden würden. Es gab individuell und gemeinschaftlich ganz unterschiedliche

Reaktionen auf das Wiederaufleben antijüdischer Tendenzen. Dabei galt es nicht allein, die beste Taktik zu finden, um den Erfolg dieser bedrohlichen neuen Kraft zu verhindern; zu berücksichtigen waren vielmehr auch die Auswirkungen der weit verbreiteten Feindseligkeit auf das Selbstverständnis von Juden, die sich der modernen Zeit angepasst hatten. Die antisemitischen Anfeindungen ließen an der Erfüllung des sehnlichsten Wunsches integrationswilliger Juden Zweifel aufkommen – ihrem Recht, sich selbst als Deutsche zu betrachten.

In Reaktion auf die neuen, mit dem Anwachsen des modernen Antisemitismus errichteten Integrationshindernisse verbreitete sich eine Form jüdischen Selbstbewusstseins, das nicht unmittelbar auf dem Religiösen gründete. Zu dieser Umwälzung in den Einstellungen und Gewichtungen trugen aber auch andere Faktoren bei. Zu den wichtigsten zählten die Entstehung einer säkularen, nichtreligiösen gesellschaftlichen Sphäre in Deutschland insgesamt sowie die Einwanderung Zehntausender Juden aus Osteuropa, die eine stärker ethnisch geprägte Auffassung vom Judentum mitbrachten.

Einige Wissenschaftler haben die neuen, unter deutschen Juden verbreiteten Haltungen als »Dissimilation« gedeutet, als Gegengewicht und Ausgleich zum fortwirkenden Einfluss von Akkulturation und Assimilation. Dies habe sich niedergeschlagen in einer Wiederbehauptung jüdischer Selbstwert- und Identitätsgefühle sowie in dem Verlangen, jüdische Elemente der eigenen Identität zu bewahren oder gar hervorzuheben. Es fällt allerdings schwer, zu beurteilen, in welchem Ausmaß die deutsche Judenheit von dieser neuen Art des Denkens über die eigene Identität erfasst wurde. Zahlreiche Juden reagierten auf die neue Feindseligkeit jedenfalls nicht etwa mit Stolz und ethnischer Selbstbehauptung, sondern mit Schamgefühl und dem Wunsch danach, entweder nicht aufzufallen oder mehr noch die jüdische Identität vollkommen abzustreifen. Andere wiederum verharrten weiterhin in Denkmustern der Zeit vor 1880. Die alten Kämpfe zwischen Orthodoxie und Reform wurden nie wirklich beigelegt, manchmal aber von den neuen Konflikten überlagert. Auf der einen Seite dieser neuen Auseinandersetzungen standen jene, die als richtige Deutsche wie auch als richtige Juden gelten wollten (beispielhaft vertreten durch den weiter unten beschriebenen *Central Verein*). Deren zionistische Gegner argumentierten zumindest gelegentlich, dass es sinnlos sei, auf seinem Deutschsein zu beharren, wenn man von den Deutschen selbst abgewiesen werde; Juden in Deutschland sollten hingegen mehr über die jüdische Kultur lernen und eine nationale Identität als Juden beanspruchen. Dieser Konflikt zwischen »assimilatorischen« und nationalistischen Juden verschränkte sich häufig mit demjenigen, der auf einer religiösen Ebene zwischen Traditionalisten und Progressiven ausgetragen wurde. Die Mehrdeutigkeit des (ursprünglich politischen) Begriffs »liberal«, mit dem sowohl nichtzionistische (oder antizionistische) Integrationisten als auch nichtorthodoxe Glaubensreformer bezeichnet werden konnten, trug dazu bei, ethnisch und religiös begründete Meinungsverschiedenheiten miteinander zu vermischen und verworrener zu machen.

Der Kampf gegen den Antisemitismus, der Aufstieg säkularer jüdischer Organisationen und das Überdenken der Identität

Auf den Aufstieg des Antisemitismus reagierten deutsche Juden auf ganz unterschiedliche Weise. Manche versuchten dem Vorurteil zu entkommen, indem sie zum Christentum übertraten oder ihre Kinder taufen ließen, um ihnen unangenehme Erfahrungen zu ersparen. Andere meinten, dass Juden ihre Anstrengungen, richtige Deutsche zu werden, verdoppeln müssten, indem sie sich offensichtlicher Merkmale jüdischer Kultur so weit wie möglich entledigten. Viele, vielleicht sogar die meisten Juden reagierten mit Versuchen, sich selbst zu verteidigen, antijüdische Anschuldigungen zu widerlegen und auf ihren gleichen Rechten als deutsche Staatsbürger zu pochen. Einige jüdische Gemeinden wollten sich auf Bemühungen jüdischer Honoratioren verlassen, hinter den Kulissen staatliche Hilfe oder Schutz vor den Angriffen zu sichern. Viele empfanden dies jedoch als würdelos und wollten stattdessen in aller Öffentlichkeit furchtlos für ihre Rechte kämpfen.

Zu den Ersten, die dem Antisemitismus direkt entgegentraten, gehörten jüdische Universitätsstudenten. Sie engagierten sich sowohl in konfessionsungebundenen Organisationen wie dem *Freien Wissenschaftlichen Verein* als auch in eigenen »schlagenden Verbindungen,« die sich schließlich 1896 im *Kartell-Convent der deutschen Studenten jüdischen Glaubens* (KC) zusammenschlossen. Fest davon überzeugt, ihre männliche Ehre im Duell verteidigen zu können, empfanden es die jüdischen Studenten des KC später als außerordentliche Beleidigung, als die antisemitischen Studenten erklärten, Juden hätten gar keine Ehre und könnten daher »Arier« nicht zum Duell herausfordern.

Der *Central Verein deutscher Staatsbürger jüdischen Glaubens* (CV), 1893 als Abwehrvereinigung gegen den Antisemitismus gegründet, wuchs bald zur größten jüdischen Massenorganisation in Deutschland heran. Neben der Bekämpfung des Antisemitismus vor Gericht, mit Broschüren und durch Interventionen bei der Regierung, trug der CV außerdem dazu bei, deutsche Juden als bewusste Interessengruppe zu mobilisieren, die ihre Rechte als Deutsche verteidigten. Der CV bemühte sich darum, jüdisches Selbstbewusstsein zu wecken und zugleich »*deutsche Gesinnung*« zu pflegen. Anfangs traf der CV auf erheblichen Widerstand von Seiten des jüdischen Establishments, dass es vorgezogen hätte, den Antisemitismus nicht derart öffentlich zu thematisieren; doch es sollte nicht lange dauern, bis der CV selbst Teil des deutsch-jüdischen Establishments geworden war.

Der Namenszusatz »deutsche Staatsbürger jüdischen Glaubens« wurde für viele deutsche Juden zum Modus der Selbstbeschreibung, obwohl dieser Formulierung ihre eigene Doppeldeutigkeit innewohnte. Schließlich definierte sich der CV mit Bezug auf den jüdischen *Glauben*, obgleich viele seiner Mitglieder eher säkular als religiös gesonnen waren. Ein Beobachter erklärte, der Begriff *Glaube* werde hier nicht im religiösen, sondern im rechtlichen Sinne verwendet, als Bezeichnung einer Kategorie, der die Juden zugeordnet seien. Einige Unterstützer des CV-Ansatzes zogen es vor, auf jüdische »Herkunft« als auf »Glauben« zu verweisen. Manche betrachteten die Juden auch – vergleichbar mit den Bayern oder Sachsen – als einen deutschen »*Stamm*«, der zwar über einen besonderen Hintergrund und eigene Traditionen verfüge, dennoch aber ein Teil im Gesamtmosaik des deutschen Volkes bilde. Seit dem 20. Jahrhundert definierten viele deutsche Juden ihr Jüdischsein als Zugehörigkeit zu einer *Schicksalsgemeinschaft*, die durch eine kollektive Geschichte des Leidens und Überlebens geprägt sei.

Die Verteidigung des Judentums gegen Angriffe hatte für zahlreiche deutsche Juden eher mit Selbstachtung und Stolz, denn mit dem Glauben an das klassische Judentum zu tun. Mithin sahen sich viele deutsche Juden (und auch der CV selbst) genötigt, auch dann Aspekte der jüdischen Religion gegen antisemitische Attacken zu verteidigen, wenn es um Praktiken ging, die sie selbst nicht mehr einhielten (Schächten), oder um Schriften, die sie nicht mehr als maßgeblich ansahen (Talmud und der religionsgesetzliche Kodex Schulchan Aruch). Unter Beschuss galt es, Solidarität zu zeigen. Viele lehnten deshalb einen Übertritt zum Christentum ab, weil sie diesen als feige Abwendung von einem Volk in Bedrängnis betrachtet hätten. Solche Juden, die ihr Judentum gerade deshalb verteidigten, weil es angegriffen wurde, wurden gelegentlich als »Trotzjuden« etikettiert.

Viele derjenigen Juden, die das Judentum und das jüdische Volk verteidigten, waren allerdings selbst ebenfalls nicht der Auffassung, dass Juden ohne Fehler seien. So erklärte auch der CV, Juden seien »genauso gut und genauso schlecht« wie alle anderen Deutschen; abgewiesen wurden jedoch jene, die den Juden insgesamt die Schuld für die Fehler Einzelner zu geben suchten. Eine ganze Reihe führender jüdischer Persönlichkeiten, darunter sogar einige vom CV, forderten Juden gleichwohl dazu auf, sich weniger auffällig zu verhalten: Demnach sollten sich jüdische Frauen weniger aufsehenerregend kleiden, Juden sollten auf ihre Manieren achten und es vermeiden, auf »jüdische« Art und Weise zu reden oder während des Sprechens in der Öffentlichkeit zu gestikulieren. »Stiefkinder müssen doppelt artig sein«[8], stellte ein führendes CV-Mitglied dazu fest. In gewissem Sinne übernahmen manche Verteidiger der Juden mithin selbst die negativen Stereotypen der Judenfeinde. Wenige Juden, darunter einige namhafte Schriftsteller wie die Österreicher Arthur Weininger und Karl Kraus, gingen in ihrer öffentlichen Kritik an den Juden noch einen Schritt weiter. Bei solchen Einzelfällen sprachen Kritiker später von »Selbsthass« – ein Ausdruck, der seinerseits aber ebenfalls ziemlich umstritten ist.

Obwohl wenige deutsche Juden durch die neuen antisemitischen Tendenzen persönlich gefährdet waren, spürten viele deren Auswirkungen auf die Beziehungen zu Nichtjuden in ihrem gesellschaftlichen Umfeld. Weiterhin traten zahlreiche deutsche Juden allgemeinen Kultur-, Kunst- und Geselligkeitsvereinigungen bei, mit deren nichtjüdischen Mitgliedern sie Umgang pflegten. Andere gingen allerdings dazu über, Orte zu meiden, an denen sie »nicht erwünscht« waren. Die antisemitische Ausgrenzung veranlasste manche Juden, exklusiv jüdischen Kultur- und Geselligkeitsvereinen beizutreten. Solche Klubs und Vereinigungen hatte es zwar immer schon gegeben, doch steigerte der Antisemitismus deren Attraktivität für ansonsten akkulturierte Juden.

Zwei der für den neuen Trend typischen Organisationen, in denen sich Juden auch auf einer anderen, nichtreligiösen Basis zusammenfanden, waren der *Unabhängige Orden Bne Briss* und der *Verein für jüdische Geschichte und Literatur*. Der *Bne Briss*, eine wohltätige, bruderschaftliche Organisation, die (zumindest anfangs) etwas vom Halbgeheimen und Rituellen der Freimaurerlogen an sich hatte, verhielt sich in innerjüdischen Angelegenheiten unparteiisch. Aufgrund einer selektiven Aufnahmepolitik rekrutierten sich dessen Mitglieder, darunter viele Gemeindevorsteher, aus den wohlhabenderen und gebildeteren Schichten der jüdischen Gemeinschaft. Der *Bne Briss* erfüllte wichtige gesellschaftliche und identitätsbildende Funktionen. In den Logen

---

8 Maximilian Horwitz (1898), zit. nach Avraham Barkai, »Wehr dich!« Der Centralverein deutscher Staatsbürger jüdischen Glaubens (C.V.) 1893-1938, München: Beck, 2002, S. 388. Das Zitat wird zuweilen auch Ludwig Holländer zugeschrieben.

konnten Juden mit anderen Juden zusammenkommen, ohne Rücksicht auf religiöse Überzeugungen oder die Haltung gegenüber dem Zionismus nehmen zu müssen. So konnte sich Sigmund Freud, obwohl er alles Religiöse strikt ablehnte, in seiner Wiener Loge unter Männern aus ähnlichen Verhältnissen durchaus sehr gut aufgehoben fühlen. Was die meisten Logen einte, war ein jüdisches Zusammengehörigkeitsgefühl auf weltlicher Basis (wenngleich natürlich einige der Mitglieder persönlich religiös, sogar orthodox waren).

Auch der 1893 geschaffene *Verband der Vereine für jüdische Geschichte und Literatur in Deutschland* zielte darauf ab, innerjüdische Bande auf einer hauptsächlich weltlichen Grundlage zu knüpfen. Seinen Zweck beschrieb eines der führenden Mitglieder damit, »*den unter der Asche glimmenden Funken pietätsmäßiger Anhänglichkeit und Treue an das Erbe der Väter zur Flamme aufrichtiger Liebe und Begeisterung für dasselbe zu entfachen.*«[9] Die Vereinsaktivitäten bestanden mehrheitlich aus Vorträgen von Gastrednern über eine Fülle jüdischer Themen, aus dem Aufbau jüdischer Bibliotheken und der Abhaltung von Gesprächsabenden, die manchmal Rezitationen und Diavorträge einschlossen. Ebenso wie die *Bne Briss*-Logen zeigte auch die Vereinigungen für Geschichte und Literatur einen Weg auf, jüdisches Leben zu fördern, ohne mit der Synagoge unmittelbar in Verbindung zu stehen. Dies gab Juden die Möglichkeit, mehr über ihren jüdischen Hintergrund zu erfahren, wegen dem sie so viele Demütigungen zu ertragen hatten.

Religiöse Faktoren im Verhältnis von jüdischer Minderheit und Mehrheitsgesellschaft

Obwohl der neue Antisemitismus der 1870er und der folgenden Jahre, statt sich ausschließlich auf die religiöse Differenz zu kon-

---

9 Zur Geschichte des Verbandes, in: Mittheilungen aus dem Verband der Vereine für jüdische Geschichte und Literatur in Deutschland, Nr. 2 (Oktober 1895), S. 1.

zentrieren, häufig rassistische, ökonomische oder politische Formen annahm, spielten religiöse Faktoren dennoch eine Rolle. Im 19. Jahrhundert hatte die Akkulturation der Juden die religiöse Distanz und Feindseligkeit zwischen Juden und Christen in vielerlei Hinsicht reduziert. In den Städten war die jüdische Glaubenspraxis zwar oft dem Blickfeld der Öffentlichkeit entzogen und auf das Haus- oder Synagogeninnere beschränkt, doch in vielen Landgemeinden, insbesondere in Süddeutschland, erlebten Juden und Christen die Zeremonien der jeweils anderen mit und zeigten dabei Respekt füreinander. So tauschten im Frühling Christen und Juden Matze gegen Eier, Christen bewunderten die sorgfältig verzierten Laubhütten der Juden, die ihrerseits an christlichen Feiertagen die Vorderseiten ihrer Häuser schmückten, und an Jom Kippur besuchten manche Christen sogar den Abendgottesdienst in der Synagoge. Selbst unter Orthodoxen wuchs der Respekt gegenüber den »christlichen Brüdern«. Trotz allem blieben etliche Barrieren bestehen, unter anderem die zeitliche Abweichung von Sabbat und Feiertagen sowie die »mysteriöse« hebräische Sprache, die bei jüdischen Zeremonien und auf Grabsteinen Verwendung fand. Weit verbreitet war auf christlicher Seite zudem die Verachtung und Verdächtigung der als »seltsam« oder »blutig« geltenden jüdischen Riten, wie etwa der Beschneidung, des koscheren Schlachtens und des Ritualbads der Frauen. Jenseits der Furcht vor oder der Anfeindung von tatsächlichen jüdischen Ritualen nährte die volkstümliche Einbildungskraft – manchmal angestachelt durch absichtlich antisemitische Propaganda – den Glauben, dass es noch eine Vielzahl anderer unheimlicher oder grausamer jüdischer Geheimbräuche gäbe. Unter der deutschen Landbevölkerung blieb zum Beispiel (bis ins 20. Jahrhundert hinein) der Glaube weit verbreitet, dass jüdische Bestattungsvereine einen Angestellten beschäftigten (den *Genicker*), der im Sterben liegende Juden stranguliere. Ferner glaubten viele daran, Juden würden ihren Glaubensgenossen bei der Beerdigung ein Steinchen beilegen, mit dem im nächsten Leben Jesus beworfen werden solle. Am finstersten von allen jedoch war der Glaube, Juden würden christliche Kinder ermorden, um deren

Blut beim Pessachritual zu verwenden. Trotz zahlloser Bemühungen, die Unwahrheit solcher Verleumdungen darzulegen, gelang es nicht, das Fortleben dieser antijüdischen Überzeugungen in Deutschland (insbesondere in weniger gebildeten Schichten) zu verhindern.

Selbst viele Christen, die ansonsten diese sonderbaren Ansichten über Juden zurückwiesen, weigerten sich, die jüdische Religion als gleichwertig zu christlichen Bekenntnissen anzuerkennen. Die Mehrzahl christlicher Bibelgelehrter oder Theologen betrachtete sowohl das antike als auch das moderne Judentum als rückständige, legalistische und bloß nationale Religion ohne nachhaltigen theologischen Wert in der modernen Welt. Die meisten gläubigen Christen waren noch immer davon überzeugt, dass für Juden der Übertritt zum Christentum die einzige Möglichkeit darstelle, sich mit Gott zu versöhnen. Und selbst Gegner des Antisemitismus wie Theodor Mommsen konnten nicht verstehen, warum säkularisierte Juden sich weiterhin der Taufe verweigerten. (Obschon viele Juden individuell zum Christentum übertraten, lehnte das gesamte religiöse wie weltliche Führungspersonal der deutsch-jüdischen Gemeinschaft eine Konversion vehement ab.) Auch liberale protestantische Denker wie Adolf Harnack (s. Kapitel 6, S. 118) sahen das Judentum als dem Christentum untergeordnet an und beschrieben es als Fortbestand eines – von ihnen negativ definierten – Pharisäertums. In der Zeit des deutschen Kaiserreichs war praktisch kein christlicher Theologe bereit, sich mit einem jüdischen Gegenüber auf einen Dialog auf Augenhöhe einzulassen, und auch in der Weimarer Republik taten dies nur äußerst wenige.

Der mehrdeutige Einfluss der osteuropäischen Einwanderung

Einen wichtigen Faktor in den Diskussionen über jüdische Identität und Antisemitismus bildete die zunehmende Einwanderung von Juden aus Osteuropa, insbesondere aus Galizien und Russisch-Polen. Bisweilen wird auch die große Zahl der aus den ehemals polnischen preußischen Provinzen Posen und Westpreußen gen Westen gewanderten Juden ebenfalls als osteuropäisch behandelt. Obwohl die Einwanderung aus Posen schon früher beträchtlich gewesen war, machte sich der jüdische Zustrom über die Ostgrenzen erst um 1880 deutlich bemerkbar und nahm dann zumindest bis in die frühen 1920er Jahre an Umfang zu. (1880 befanden sich ungefähr 17.000 oder 18.000 ausländische Juden in Deutschland und 1925 etwa 108.000). Weitere wichtige Berührungspunkte für deutsche Juden und »*Ostjuden*« (ein während des Ersten Weltkriegs erstmals verbreitet benutzter Begriff) ergaben sich infolge der deutschen Besetzung großer Teile Osteuropas im Ersten Weltkrieg. Viele deutsch-jüdische Soldaten sammelten persönlich Erfahrungen mit der Lebenswelt osteuropäischer Juden, die in den besetzten Gebieten in eigenen, geschlossenen Gemeinden lebten.

Die Neueinwanderer ließen sich in Deutschland weit überwiegend in den größten Städten nieder. In den sächsischen Gemeinden von Leipzig und Dresden stellten sie bald nach der Jahrhundertwende die Mehrzahl der jüdischen Einwohner. In vielen anderen größeren Gemeinden (in Berlin, München, den Ruhrstädten, Köln und Altona) bildeten jüdische Immigranten aus Osteuropa beachtliche Minderheiten. Diese osteuropäischen Zuwanderer stammten aus Verhältnissen, in denen Juden eine erkennbare ethnische Gruppe mit eigener Sprache und Identität gebildet hatten. Ein liberales Judentum war in Osteuropa so gut wie unbekannt, doch gelang es dem weltlichen Sozialismus, breiteren Anklang zu finden. Nach ihrer Niederlassung in Deutschland verhielten sich die osteuropäischen Juden im neuen Umfeld nicht allerorten gleich. Manche traten liberalen Synagogen bei, andere örtlichen orthodoxen Gruppen und wieder andere befassten sich nur wenig mit Glaubensdingen. Austrittsorthodoxen Gemeinden schlossen sich Immigranten nur selten an, jedoch besuchten sie häufig orthodoxe Gemeindesynagogen. Dort aber, wo ihre Zahl groß genug war, bildeten religiöse Einwanderer meist eigene Synagogen, in denen sie ihren heimatlichen Traditionen nachgehen konnten. In diesen gemeinhin kleinen Synagogen folgte man dem osteuropäischen Ritus (anstatt den deutsch-jüdischen Traditionen) und lehnte für gewöhnlich den förmlichen deutsch-jüdischen Stil mit Chören und Rabbinertalaren ab.

Die Reaktionen gegenüber den osteuropäischen Juden fielen ganz unterschiedlich aus. Zahlreiche der frühen antisemitischen Angriffe richteten sich gegen die Neueinwanderer: »*Über unsere Ostgrenze*« schrieb Treitschke 1879 »*dringt [...] aus der unerschöpflichen polnischen Wiege eine Schar strebsamer hosenverkaufender Jünglinge herein, deren Kinder und Kindeskinder dereinst Deutschlands Börsen und Zeitungen beherrschen sollen*«.[10] Antisemitische Petitionen und Politiker verlangten nach einer *Grenzsperre* gegen unerwünschte jüdische Ausländer. Auch einige deutsche Juden meinten in den Einwanderern das eigentliche Ziel des Antisemitismus zu erkennen und beschuldigten sie, die Stellung der einheimischen Juden zu gefährden. Nichtsdestotrotz verteidigten jüdische Organisationen und Führungskreise – mit wenigen Ausnahmen (wie z.B. dem in Kapitel 6 behandelten *Verband Nationaldeutscher Juden*) – die Rechte jüdischer Immigranten als ein Instrument zur Verteidigung der Gleichberechtigung von Juden in Deutschland insgesamt. Deutsch-jüdische Wohlfahrtsvereine bemühten sich, Zuwanderern wirtschaftliche und soziale Hilfe zu leisten (wiewohl manche sie ermutigten, gen Westeuropa oder Amerika weiterzuziehen).

Auf gesellschaftlichem und kulturellem Gebiet empfand die Masse der einheimischen Juden eine gewisse Fremdheit und Distanz gegenüber den osteuropäischen Juden. Einige Historiker haben dies darauf zurückgeführt, dass die Zugezogenen als Repräsentanten einer Vergangenheit wahrgenommen worden seien, von der die deutschen Juden glaubten, dass sie diese bereits hinter sich gelassen hätten. Viele deutsche Juden fühlten sich den Immigranten gegenüber in gewissem Sinne verpflichtet, hofften aber auf deren Verwandlung in Kopien ihrer selbst; viele betrachten die Kleidung, die jiddische Sprache und Aspekte der Glau-

---

10 Heinrich Treitschke, Unsere Aussichten, in: Preußische Jahrbücher 44 (1879), S. 559-576, hier S. 572-573.

benswelt der osteuropäischen Juden als rückständig und unkultiviert. Oft bestand ihnen gegenüber ein Gefühl kultureller Überlegenheit (was zuweilen von den Eingewanderten erwidert wurde, die ihrerseits auf die typisch deutschen, d.h. zu wenig jüdischen und lächerlich steifen Juden herabblickten). Dort, wo sie sich in ausreichender Zahl niederließen, lebten die Immigranten häufig in eigenen Wohnvierteln, abgesondert von der Mehrheit der nach Geburt einheimischen Juden. Obwohl sich natürlich zwischen einzelnen einheimischen und eingewanderten Juden gesellschaftliche Beziehungen ergaben, blieben die beiden Gruppen – zumindest in der ersten Generation – weitgehend sozial und kulturell getrennt.

Neben den hauptsächlich negativen Stereotypen, die viele deutsche Juden über das Wesen des osteuropäischen Judentums teilten, entwickelte sich insbesondere nach der Jahrhundertwende ein gegensätzliches, idealisiertes Image. Am weitesten verbreitet war dieses positive Bild in gewissen intellektuellen und kulturellen Kreisen, insbesondere unter den Zionisten. Diese Sichtweise stellte dem »authentischen« Ostjuden einen hin- und hergerissenen, unauthentischen Westjuden gegenüber, der versuche, seine angeborene Kultur abzustreifen, um etwas ihm selbst Fremdes zu werden. An der Erschaffung dieses »Gegenmythos« waren Autoren und Künstler deutsch-jüdischer sowie osteuropäisch-jüdischer Herkunft beteiligt.

Martin Bubers Nacherzählungen chassidischer Geschichten, angefangen mit *Die Geschichten des Rabbi Nachman* (1906), hatten großen Einfluss bei der Ausbildung einer positiven Sicht auf den Chassidismus, die osteuropäische mystische Religionsbewegung, die noch von älteren Generationen »aufgeklärter« jüdischer Autoren als abergläubische, rückständige und von scharlatanhaften »*Wunderrabbis*« geführte Sekte attackiert worden war. Buber stellte nun seinem Publikum deutschsprachiger Juden (und Nichtjuden) die Chassidim als Vertreter einer authentischen, spirituellen Gemeinschaft vor, vergleichbar mit manchen der mittelalterlichen deutschen Mystiker, die sich im frühen 20. Jahrhundert einiger Beliebtheit erfreuten. In seiner Darstellung des Chassidismus betonte Buber die individuelle Spiritualität und vernachlässigte die chassidische Ergebenheit gegenüber dem jüdischen Religionsgesetz, welches er selbst ablehnte.

Zahlreiche weitere Beispiele einer kulturellen Neubewertung lassen sich finden. So bildete die 1901 gegründete Zeitschrift *Ost und West*, die sich an Intellektuelle wie auch an eine breitere Öffentlichkeit richtete und eine beachtliche Auflagenstärke erreichte, ein wichtiges Medium, um deutschsprachige Juden mit den kulturellen Leistungen osteuropäischer Juden vertraut zu machen. Etliche Arbeiten, in denen osteuropäische Juden in einem günstigen Licht erschienen, veröffentlichte auch der 1902 in Berlin gegründete Jüdische Verlag. Eine Reihe bildender Künstler, darunter der Jugendstilillustrator Ephraim Moses Lilien und der Radierer Hermann Struck, spielten eine wichtige Rolle dabei, positive visuelle Darstellungen von der Lebenswelt osteuropäischer Juden zu erzeugen. Die Wissenschaft vom Judentum griff über ihr Hauptinteresse an Religion und Literatur hinaus und erschloss neue, stärker »ethnische« Themenfelder wie die jüdische Volkskunde und Demographie. So kam der führende jüdische Soziologe Arthur Ruppin (neben anderen) zu dem Schluss, dass die westeuropäischen Juden auf dem Pfad der Assimilation und damit letztendlich der eigenen Auslöschung weiter vorangeschrittenen seien als die osteuropäischen. Ruppin suchte daher nach verschiedenen Möglichkeiten, diesen Assimilationsprozess zu bremsen oder umzukehren.

Für eine positivere Sicht auf *Ostjuden* und generell auf die jüdisch-ethnische Eigenheit waren jüngere deutsche Juden empfänglicher als die älteren. Um die Wende zum 20. Jahrhundert herum sahen sich manche deutsche Juden fraglos als Teilhabende an einer jüdisch-kulturellen Renaissance. Die Bedeutung oder der Einfluss einer neuen, wohlwollenden Haltung gegenüber osteuropäischen Juden und jüdischer Ethnizität sollten jedoch nicht überbewertet werden. Die meisten deutschen Juden blieben weiterhin der Integration in Deutschland, einer rein konfessionellen Definition des Judentums sowie dem politischen Liberalismus und intellektuellen Rationalismus verpflichtet. Diejenigen, die in eine entgegengesetzte Richtung steuerten, wirkten zwar interessant, kreativ und waren vielleicht auch einflussreich, stellten aber unter den deutschen Juden weiterhin eine Minderheit dar.

Neben dem Einfluss, den osteuropäische Juden als Katalysatoren einer Veränderung deutsch-jüdischen Einstellungen gegenüber der eigenen Selbstdefinition hatten, spielten sie zudem eine Rolle bei der Verschiebung der Kräfteverhältnisse innerhalb der jüdischen Gemeinschaft. Konnten sie an den Wahlen in einer jüdischen Gemeinde teilnehmen, bevorzugten osteuropäische Einwanderer üblicherweise die Orthodoxen und Zionisten gegenüber den dominierenden Liberalen. Ihre Stimmen stärkten gemeinhin traditionelle Kräfte, weshalb das liberale Establishment in vielen Gemeinden versuchte, ihr Wahlrecht einzuschränken oder abzuschaffen. Ironischerweise waren es nun Orthodoxe und Zionisten und nicht die religiös Liberalen, die sich für demokratischere jüdische Gemeindewahlen einsetzten.

Der Aufstieg des Zionismus und die Verlagerung der Fronten im Judentum

Während eine Hauptrichtung innerhalb der deutsch-jüdischen Gemeinschaft versuchte, Deutschtum und Judentum miteinander in Einklang zu bringen, stellte die im Gefolge von Theodor Herzls Buch *Der Judenstaat* (1896) entstandene zionistische Bewegung diese Zielsetzung grundsätzlich infrage. Herzl sah im Antisemitismus nicht nur eine böswillige und bedrohliche Erscheinung, er war außerdem der Auffassung, es handele sich hierbei um eine unvermeidliche Reaktion auf die unnatürliche Stellung der Juden in der Diaspora. Die »Judenfrage« sei eine nationale Frage: »*Wir sind ein Volk, ein Volk.*« Und die Mehrheitsbevölkerung, so meinte Herzl, werde niemals ein fremdes Volk in ihrer Mitte dulden – gleichgültig, wie sehr dieses sich um Anpassung bemühe. Wenn also die Juden sich nicht vollkommen, bis hin zur Selbstauflösung assimilieren würden, würde die Mehrheit sie niemals akzeptieren. Demzufolge sei die Emanzipation gescheitert und die einzige Lösung bestehe in der Auswanderung der Juden in einen Judenstaat, in dem sie sich normal entwickeln und gedeihliche Beziehungen zu anderen Völkern der Erde aufbauen könnten. Herzl vertrat überdies die Meinung, der Zionismus befriedige sowohl die Bedürfnisse der Juden als auch die der Antisemiten, da Juden bei der Auswanderung ihre ökonomische Stellung Nichtjuden überlassen würden. Er machte sich daran, einem Judenstaat internationale Anerkennung zu verschaffen.

Herzls radikaler Vorschlag fand unter den europäischen Juden viele begeisterte Befürworter. Noch leidenschaftlicher war jedoch der Widerspruch, den er hervorrief – besonders heftig vonseiten deutscher Juden. Als daher der Vorschlag aufkam, den ersten Zionistenkongress 1897 in München abzuhalten, erhoben die führenden Rabbiner in Deutschland offiziell Einspruch. Herzl verspottete die geistlichen Oberhäupter als »*Protestrabbiner*«, verlegte aber dennoch den ersten Kongress nach Basel. Obschon eine Mehrheit deutscher Juden den Zionismus von Beginn an ablehnte, fand Herzl einige Unterstützer, die 1897 die *Zionistische Vereinigung für Deutschland* (ZfVD) gründeten. Allerdings vertraten die meisten der frühen deutschen Zionismusbefürworter im Hinblick auf den jüdischen Nationalismus einen deutlich moderateren Standpunkt als Herzl. Sie sahen im Judenstaat wohl eine Lösung für die Probleme in Osteuropa verfolgter Juden, aber nicht unbedingt für die der deutschen Juden. Ihre Tätigkeit bestand hauptsächlich in wohltätigen Bemühungen, um verfolgten Juden durch Aufbau jüdischer Siedlungen in Palästina zu helfen. Ein populärer jüdischer Witz beschrieb den Zionismus als eine Bewegung, in der ein Jude einen anderen Juden darum bat, Geld zu spenden, um einen dritten Juden nach Palästina schicken zu können. Radikale jüngere Zionisten sollten dieser moderaten, wohltätigen Ausrichtung des Zionismus in den Jahren unmittelbar vor dem Ersten Weltkrieg den Kampf ansagen.

Eines der Ziele, die Herzl seiner neuen Bewegung gesetzt hatte, war »*die Eroberung der Gemeinden*«. Über diese Taktik war die deutsche zionistische Bewegung indes geteilter Meinung, erkannten doch manche darin eine Ablenkung vom Hauptziel, einem international anerkannten Judenstaat in Palästina. Die Befürworter einer Beteiligung an der Gemeindepolitik wollten innerhalb der Gemeinden für eine breitere Anerkennung jüdischer Nationalität und Kultur kämpfen. Obschon es sich bei einer Mehrheit der Zionisten – abgesehen von der kleinen orthodoxen Minderheit der Misrachi – um weltliche Nationalisten handelte, wurden sie gleichwohl in den Gemeinden in die religiösen Auseinandersetzungen verwickelt. Sie stellten sich solchen »assimilatorischen« Erscheinungen wie der Synagogenorgel und der Entfernung von Gebeten für eine Rückkehr nach Zion aus den Gebetbüchern entgegen, befürworteten indessen mehr Hebräischunterricht und die Einrichtung jüdischer Ganztagsschulen. Aufgrund dieser politischen Leitlinien verbündeten sie sich oft mit »konservativen« und orthodoxen Kräften gegen die liberale Mehrheit in den Gemeinden.

Die Eskalation ideologischer Polemik in den Jahren kurz vor dem Ersten Weltkrieg

Vermutlich ist es kein Zufall, dass sich in den Jahren 1911 und 1912 fast zeitgleich eine Reihe von Begebenheiten ereignete, die eine neue Militanz und eine zunehmende ideologische Spaltung innerhalb des deutschen Judentums erkennen ließen. Zunächst erschienen 1911 mit der zweiten Auflage von Arthur Ruppins *Die Juden der Gegenwart* und Felix Theilhabers *Der Untergang der deutschen Juden* gleich zwei alarmierende Bücher über die Zukunft des deutschen Judentums. Beide Bände enthielten die Warnung, die Assimilation gefährde das Überleben der jüdischen Gemeinschaft in den westlichen Ländern. Im März 1912 publizierte Moritz Goldstein in der konservativen Kulturzeitschrift *Der Kunstwart* unter dem Titel *Deutsch-Jüdischer Parnaß* einen umstrittenen Artikel, in dem er behauptete, Juden würden gegen den Willen der Mehrheitsbevölkerung die deutsche Kultur »verwalten«. Demgegenüber riet Goldstein den Juden, ihre Tatkraft statt der deutschen, eher der jüdischen Kultur zu widmen. Und schließlich kam es

Ende Mai 1912 in nur einer Woche zu gleich drei symbolisch wichtigen Ereignissen, die die ideologische Auseinandersetzung verschärften: Dabei handelte es sich um die Ausgabe der *Richtlinien zu einem Programm für das liberale Judentum*, die Gründung der internationalen orthodoxen Organisation *Agudat Israel* und die Aufstellung eines radikalen Programms der deutschen zionistischen Bewegung auf ihrer Posener Tagung.

Anstrengungen zur Wiederbelebung liberalen Kampfgeistes

Der Aufstieg des Zionismus, die Einwanderung osteuropäischer Juden und der weit verbreitete Wunsch, den Frieden innerhalb der *Einheitsgemeinde* zu bewahren – all dies stand Versuchen entgegen, weitere liberale religiöse Neuerungen einzuführen. Dabei gingen Austritts- und gemeindeorthodoxe Kräfte auf unterschiedliche Weise gegen den religiösen Liberalismus vor. Die Austrittsorthodoxen, vertreten durch die *Freie Vereinigung für die Interessen des orthodoxen Judentums*, prangerten in Manifesten und Broschüren regelmäßig liberale Neuerungen und Vorschläge an. Demgegenüber arbeiteten die in den Einheitsgemeinden verbliebenen orthodoxen Gruppen tagtäglich mit den liberalen Kollegen in einer Atmosphäre von gegenseitigem Respekt zusammen. Trotzdem waren es oftmals gerade die »entgegenkommenden« Gemeindeorthodoxen, die liberales Handeln stärker behinderten, als die offen feindseligen Separatisten, denn häufig bestand der Preis für die Kooperation der Gemeindeorthodoxen in einer Bewahrung des »Status quo«. Sie duldeten bereits existierende liberale Synagogen und Gebetbücher, widersetzten sich aber der Einführung neuer Orgeln in Synagogen oder Vorschlägen für durchgreifendere Neuerungen in der Liturgie. Um des lieben Friedens willen und um eine mögliche orthodoxe Abspaltung zu verhindern, waren viele Gemeinden bereit, neue Reformen einzudämmen oder gar manch eine bereits fallen gelassene Traditionen wieder aufzunehmen. Weil »konservative« Kräfte innerhalb der Einheitsgemeinde weiteren Fortschritt bei der religiösen Erneuerung hemmten, begannen sich einige der liberalen Oberhäupter zu fragen, ob sie nicht ohne die Einheitsgemeinde besser dastehen könnten.

Überdies wurde das liberale Judentum zum Opfer des eigenen Erfolgs. So gab es in den meisten bedeutenden Gemeinden prächtige liberale Synagogen mit Orgeln, Chören und ästhetisch ansprechenden Gottesdiensten; auch hatte die Mehrheit der deutschen Juden die Bräuche der Orthodoxie hinter sich gelassen und dürfte sich selbst als liberal betrachtet haben. Trotz allem war nur eine Minderheit von ihnen überzeugt und begeistert an die liberaljüdische Ideologie und Praxis gebunden, während sich die Mehrzahl eher indifferent oder weltlich orientiert zeigte. Viele deutsche Juden verspürten kein Bedürfnis mehr, ihre Verbundenheit mit deutscher Kultur und Nation durch die Art und Weise ihres religiösen Ausdrucks nachzuweisen, weil ihr kulturelles und nationales Deutschsein für sie selbstverständlich geworden war. Häufig handelte es sich bei ihrer Bindung ans Judentum mehr um eine Sache der Nostalgie, der familiären *Pietät* oder der Mitgliedschaft in wohltätigen und bruderschaftlichen jüdischen Vereinigungen, denn der religiösen Überzeugung. Die prächtigen liberalen Synagogen blieben oftmals, ausgenommen an den hohen Feiertagen, fast leer. Von denen, die tatsächlich regelmäßig eine Synagoge aufsuchten, war ein beträchtlicher Anteil orthodox. Und auch bei den Liberalen waren jene, die den Gottesdienst besuchten, traditioneller als die, die nicht kamen. »*Die zur Synagoge kommen, wollen keine Reform; und die eine wollen, kommen nicht*«[11], klagte ein Rabbiner 1922. Außerdem waren die orthodoxen und zionistischen Minderheiten kämpferischer als die Liberalen. An Gemeindewahlen nahmen Orthodoxe und Zionisten in unverhältnismäßig größerer Zahl teil als die oft indifferenten Anhänger des Liberalismus und erlangten so einen überproportionalen Einfluss in der Gemeinde.

Um die Wende zum 20. Jahrhundert hielten einige liberale Rabbiner und Laienführer die Zeit für gekommen, ihrer Bewe-

---

11 Rabbiner L. Fuchs, Zum Einheitsgebetbuch, in: Jüdisch-Liberale Zeitung vom 13. Oktober 1922.

gung neues Leben einzuhauchen. Sie zielten darauf ab, sowohl die religiöse Hingabe unter ihren Anhängern wiederzubeleben als auch mit neuen religiösen Veränderungen voranzukommen, wobei letzteres dabei helfen sollte, ersteres herbeizuführen. Viele der neuen, aktiven Führungskräfte des liberalen Judentums im 20. Jahrhundert distanzierten sich von der rationalistischen Haltung ihrer Vorgänger im 19. Jahrhundert. Viele legten mehr Wert auf die irrationalen und emotionalen Seiten des Glaubens; sie suchten *Innerlichkeit, Herzensfrömmigkeit* und *warmes religiöses Empfinden*. Die Aufgabe bestand nicht mehr darin, das Judentum der westlichen Kultur und den Sphären bürgerlicher Ehrbarkeit anzupassen; vielmehr ging es darum, vollkommen akkulturierten Juden zu helfen, spirituellen Sinn in einer entfremdeten, modernen Welt zu finden.

Diesen neuen Tatendrang brachten sowohl die *Vereinigung der liberalen Rabbiner* (1898 gegründet) als auch die neue *Vereinigung für das liberale Judentum* (1908) zum Ausdruck. Im Unterschied zum amerikanischen Reformjudentum, das eine klar formulierte Erklärung seiner religiösen Auffassungen vorgelegt hatte (die »Pittsburgh Platform« von 1885), hatte das deutsche liberale Judentum nie Prinzipien der religiösen Glaubensartikel und Praxis offiziell festgeschrieben. Die liberalen Rabbiner machten sich daher daran, für die Bewegung ein religiöses Grundsatzpapier zu entwerfen, das 1912 unter dem Titel *Richtlinien zu einem Programm für das liberale Judentum* erschien. Die *Richtlinien* fielen weit weniger radikal aus als die Pittsburgh Platform (mit der unter anderem die Speisegesetze und die Vorstellung von einer jüdischen Nation verworfen worden waren). Es wurden überwiegend wohlmeinende Vorschläge gemacht mit dem Ziel, religiöses Empfinden wiederzubeleben und zur Ausübung der Glaubenspraxis zu ermutigen.

Die *Richtlinien* hoben an mit einem Bekenntnis zu den ewigen Wahrheiten des ethischen Monotheismus. Neben einer Bekräftigung des historischen Werts der jüdischen heiligen Schriften biblischer und rabbinischer Herkunft, proklamierten sie das Prinzip der »*fortschreitenden Entwicklung*« im Judentum und die

Bedeutung einer historisch-kritischen Lektüre der Texte. Gemäß den *Richtlinien* sollten manche jüdische Bräuche als sinnvoll und wichtig beibehalten werden, andere galten hingegen nicht mehr als relevant. Bestimmte individuelle religiöse Praktiken wurden jedoch als »*unerlässlich*« erklärt, darunter die Beachtung des Sabbat und der Festtage, die Beschneidung, die Konfirmationsfeier für Jungen und Mädchen, eine religiöse Hochzeitszeremonie und die Trauerrituale einschließlich der Kaddisch-Rezitation. Sabbat-, Feiertags- und Hochzeitsgebote sollten in geeigneter Weise abgeändert werden, um in die Gegenwart zu passen. Im Idealfall sollte am Sabbat jede berufliche Tätigkeit unterbleiben; wo dies nicht möglich sei, wurden Gläubige dazu angehalten, häusliche Verrichtungen vorzunehmen, wie zum Beispiel Kerzen anzuzünden und Wein und Brot zu segnen sowie den Gottesdienst zu besuchen. Die Befolgung aller anderen traditionellen Bräuche sollte dem Gewissen des Einzelnen überlassen bleiben. Die *Richtlinien* legten zudem Grundsätze über den öffentlichen Gottesdienst dar; unter anderem wurde die Orgelbegleitung gebilligt und deutschen Gebeten, neben den hebräischen, ebenfalls breiter Raum gewährt. Das Quorum von zehn Männern als Grundvoraussetzung des öffentlichen Gebets wurde abgeschafft. Viele wichtige Obliegenheiten wie zum Beispiel die Speisegesetze wurden indes überhaupt nicht ausdrücklich erwähnt.

Als die *Richtlinien* Ende 1912 der laiengeführten *Vereinigung für das liberale Judentum* vorgelegt wurden, wurden sie unter einer – allerdings sehr wichtigen – Bedingung genehmigt: Auch die Befolgung der von den *Richtlinien* als unerlässlich erklärten Praktiken sollte dem Gewissen des Einzelnen überlassen bleiben. Dies schwächte den Teil der *Richtlinien*, der versuchte, bei den Bräuchen zumindest einen Minimalstandard zu etablieren. Während also liberale Laienführer Vorbehalte gegenüber zwingend gebotenen Praktiken zum Ausdruck brachten, gerieten die Orthodoxen über die Richtlinien in Wut. Die austritts- wie auch die gemeindeorthodoxen Rabbinervereinigungen verdammten die *Richtlinien* in öffentlichen Stellungnahmen und Pamphleten als Leugnung der Offenbarung und grundlegender jüdischer Bräuche. Die Austrittsorthodoxen nahmen die *Richtlinien* zudem in Anspruch als ein bestechendes Argument gegen die Gemeindeorthodoxen, die schließlich mit derartigen »Ketzern« in denselben Gemeinden blieben. Aufgrund der *Richtlinien* blieb das Verhältnis zwischen Liberalen und Orthodoxen für geraume Zeit stark gereizt.

Die orthodoxe Militanz und die Gründung von Agudat Israel

Schon vor dem Erlass der *Richtlinien* hatte sich innerhalb der deutschen Orthodoxie eine Neuausrichtung der Kräfte abgezeichnet. Zum einen wurden (zumindest zeitweilig) Versuche unternommen, den Austritts- und den Gemeindeflügel der Orthodoxie zu einer geeinten Kraft gegen das liberale Judentum zusammenzuschließen. Zum anderen bemühten sich zeitgleich führende Köpfe der deutschen Orthodoxie (insbesondere der Separatisten) um eine Zusammenarbeit mit den osteuropäischen Orthodoxen im Kampf gegen gemeinsame ideologische Gegner. Schon allein dies markierte eine Kehrtwende zur früheren Haltung der deutschen Orthodoxie, hatte sie doch zuvor ihre Kombination aus weltlicher Kultur und striktem Festhalten an der jüdischen Religionspraxis (Torah im Derech Eretz) stets als überlegen gegenüber der traditionellen osteuropäischen Jeschiwa wie auch der chassidischen Bewegung angesehen.

Austrittsorthodoxe Würdenträger, besonders Salomon Breuer in Frankfurt (ein Schwiegersohn von Samson Raphael Hirsch), spielten eine herausragende Rolle dabei, jene deutschen und osteuropäischen Kräfte zusammenzurufen und zu organisieren, die sich im Mai 1912 im oberschlesischen Kattowitz versammelten und die Vereinigung *Agudas Jissroel* (*Agudat Israel*) ins Leben riefen. Obgleich im deutschen Kontext Separatisten, wirkten die Hirschianer im länderübergreifenden Rahmen verbindend. Durch den Zusammenschluss mit der osteuropäischen Orthodoxie, die noch immer von mehrheitlich traditionellen Judenheiten in Galizien, Russland oder Rumänien getragen wurde, gelang es den deutschen Orthodoxen, das Gefühl abzuschütteln, nur eine kleine Minderheit zu bilden (die sie in Deutschland waren). Stattdessen konnten sie sich nun ebenfalls als Repräsentanten einer breiten jüdischen Masse wahrnehmen. Auch die deutsche Gemeindeorthodoxie unterstützte anfangs die *Aguda*, aber die Separatisten spielten eine größere Rolle. Ursprünglich trat *Agudas Jissroel* nicht ausdrücklich gegen die Misrachi und den religiösen Zionismus an, doch machte sich hier gegen Ende der 1920er Jahre ein deutlicher Gegensatz bemerkbar. Die austrittsorthodoxe Führung verfolgte im Allgemeinen einen antizionistischen Kurs. In Osteuropa unterstützten einige wichtige orthodoxe Oberhäupter die neue *Aguda*, andere jedoch hegten den Verdacht, sie sei eventuell prozionistisch, oder sie fürchteten den modernisierenden Einfluss der deutschen Orthodoxie. Während des ersten Weltkriegs versuchten die Rabbiner Pinchas Kohn und Benjamin Carlebach das orthodoxe Judentum im deutsch-besetzten Polen als religiöse und politische Kraft nach deutsch-jüdischem Modell zu organisieren – mit recht bescheidenem Erfolg. In den 1920er Jahren spielte die deutsche Orthodoxie zwar weiterhin eine Rolle in der Leitung der *Aguda*, doch verschob sich deren Machtzentrum immer weiter zu Rabbinern und Laienführern in Osteuropa. Der Einfluss der »Frankfurter Orthodoxie« ging zurück.

Die zionistische Radikalisierung und der Antizionismus des Central Vereins

Die zionistische Bewegung erweckte seit ihrer Entstehung innerhalb des deutschen Judentums erheblichen Widerspruch. Nach einem anfänglichen Aufflackern um 1897 verstummte die Opposition zwar ein wenig, wurde aber in den Jahren unmittelbar vor dem Ersten Weltkrieg erneut virulent. Ein kontinuierlicher Widerstand gegenüber dem Zionismus blieb zunächst hautsächlich auf die offiziellen Vereinigungen des religiösen Liberalismus beschränkt. Doch angesichts der Radikalisierung der jüngeren Generation von Zionisten schlossen sich auch führende Organisationen wie der *Central Verein* und der *Hilfsverein der deutschen Juden* den Reihen der antizionistischer Kräfte an. Die Auseinandersetzung heizte sich über einen Zeitraum von vier bis fünf Jahren auf und erreicht nach dem zionistischen Delegiertentag von 1912 ihren Höhepunkt.

In der gleichen Woche, in der das Gründungstreffen von *Agudas Jissroel* stattfand und die liberalen Rabbiner ihre *Richtlinien* erließen, billigte die Tagung der *Zionistischen Vereinigung für Deutschland* in Posen eine Resolution, die den Wechsel von einer gemäßigteren, älteren Generation hin zu einer neuen, radikaleren und jüngeren Führungsschicht symbolisierte. Die Resolution legte fest, dass es »*die Pflicht jedes Zionisten*« sei, »*die Übersiedlung nach Palästina in ihr Lebensprogramm aufzunehmen.*«[12] Damit wurde der Vorstellung eine Absage erteilt, beim Zionismus handele es sich bloß um ein wohltätiges Programm zu Gunsten leidender Juden aus Osteuropa. Demgegenüber besagte die Resolution, dass die Heimat der deutschen Juden nicht Deutschland, sondern das Land Israel sein solle. Schien die Resolution anfangs nur geringes Aufsehen zu erregen, so rief sie innerhalb weniger Monate eine zornige Gegenreaktion liberaler Juden in Deutschland hervor, und es drohte, zum offenen Konflikt zwischen den Zionisten und dem *Central Verein* zu kommen. Gewiss war die Resolution provokant, doch sie blieb rein theoretisch. Tatsächlich emigrierten vor der Machtübernahme Hitlers nur sehr wenige deutsche Juden nach Palästina. Als Symbol jedoch avancierte die Resolution zu einem wichtigen Zankapfel.

Im März 1913 gab der *Central Verein* eine Erklärung heraus, wonach nichts gegen jene Zionisten einzuwenden sei, die lediglich verfolgten Juden helfen wollten, sich in Palästina anzusiedeln: »*Von dem Zionisten aber, der ein deutsches Nationalgefühl leugnet, sich als Gast im fremden Wirtsvolk und national nur als Jude fühlt, müssen wir uns trennen*«.[13] Diese CV-Resolution führte zu zionistischen Gegenresolutionen und zu einem deutlichen Anstieg der Zwistigkeiten zwischen dem CV und den Zionisten. Eine noch offenere antizionistische Manifestation bildete im Oktober 1912 die Gründung des *Antizionistischen Komitees*, dem viele prominen-

12 Jüdische Rundschau (14.6.1912), S. 222.
13 Im Deutschen Reich (1913) Heft 5-6, S. 247.

te deutsche Juden, insbesondere führende Mitglieder der *Vereinigung für das liberale Judentum*, beitraten.

Der Streit über die Posener Resolution von 1912 war nur eine Etappe im Prozess der Radikalisierung des deutschen Zionismus, der sich in einem Zeitraum von mehreren Jahren vor Ausbruch des Ersten Weltkriegs vollzog. Diese Radikalisierung wird häufig in Zusammenhang gebracht mit dem Generationswechsel in der zionistischen Führerschaft und besonders mit den Ansichten Kurt Blumenfelds (1884-1963), der im Alter von 25 Jahren zum Generalsekretär der ZVfD aufstieg. Blumenfeld definierte Zionismus als postassimilatorisches Judentum und rief deutsche Zionisten dazu auf, *sich* aus der Identifikation mit deutscher Kultur und Nation zu *entwurzeln*. Ebenso wie die Posener Resolution blieb auch dieser provozierende Gedanke weitgehend theoretisch, denn Blumenfeld und viele seiner Anhänger waren selbst tief in der deutschen Kultur und Philosophie verwurzelt und wussten eher wenig von jüdischer Kultur oder hebräischer Sprache. Viele der zuvor führenden deutschen Zionisten lehnten die von Blumenfeld und anderen jungen »Radikalen« angeschlagenen extremen Töne ab. Einer dieser Älteren, Franz Oppenheimer, unterschied zwischen »*Stammesbewusstsein*«, welches er akzeptiere, und jüdischem »*Volksbewusstsein*«, das er für sich und für andere deutsche Zionisten als undenkbar erachtete. Gleichgültig wie eng die faktische Bindung junger Zionisten an die deutsche Kultur gewesen sein mag – die Radikalen unternahmen den Versuch, diese in einer bewusster Anstrengung durch jüdische Kultur und Identifikation zu ersetzen (wobei sie freilich oftmals deutsche Autoren und Philosophen zitierten, um ihre Argumente zu stützen). Der Einfluss Martin Bubers und anderer kulturzionistischer Autoren war für jene von großer Bedeutung, die versuchten, ihren »inneren jüdischen Kern« zu finden.

Allerdings sollte die Bedeutung des Konflikts zwischen Zionisten und dem CV nach 1912 nicht überbewertet werden. Zionistische Versuche, in Konkurrenz zum CV einen *Reichsverein der deutschen Juden* zu gründen, scheiterten bald; weniger als 200 Zionisten kündigten ihre Mitgliedschaft im CV. Wenig später, nach Ausbruch des Ersten Weltkriegs, beeilten sich die meisten deutschen Zionisten, begeistert ihre Unterstützung des deutschen Kriegseinsatzes zu versichern. Und mit dem 1914 gegründeten *Komitee für den Osten* bemühten sich Zionisten (wohl überwiegend gemäßigte der älteren Generation), dafür zu werben, deutsche Kriegsziele in Osteuropa und eine Verbesserung der politischen Stellung der Juden in deutsch-besetzten Gebieten des zaristischen Russland in Übereinstimmung zu bringen.

Dem Bild vom mutmaßlichen Radikalismus der deutschen Zionisten können weitere Facetten hinzugefügt werden, blickt man auf die Taten und Theorien Kurt Blumenfelds und anderer führender deutscher Zionisten seiner Generation vor allem in den 1920er und 1930er Jahren. In den 1920er Jahren betonte Blumenfelds Fraktion, wie wichtig es sei, das Land Israel aufzubauen, und lehnte daher eine Beteiligung an jüdischer Diasporapolitik als Zeitverschwendung ab. Folglich trat der von Blumenfeld geführte ZVfD jenen Zionisten entgegen, die in den 1920er Jahren die *Jüdische Volkspartei* anführten und sich in einen offenen Wettstreit mit den Liberalen um die Kontrolle der jüdischen Gemeinden begaben. Im Hinblick auf die Palästinapolitik selbst fielen viele der Radikalen der 1910er Jahre durch ihre versöhnliche Sicht auf die arabische Bevölkerung Palästinas auf: Sie lehnten die Anwendung gewaltsamer Mittel bei der Gründung eines jüdischen Staates ab, und viele befürworteten vielmehr einen binationalen jüdisch-arabischen Staat. Verglichen mit den osteuropäischen verfügten deutsche Zionisten ironischerweise – trotz ihres Konflikts mit den Liberalen innerhalb der deutsch-jüdischen Gemeinschaft – über einen bemerkenswert »liberalen« politischen Wertekanon.

»Der Untergang der deutschen Juden«?

Zu Beginn des 20. Jahrhunderts, als unter den deutschen Juden viel von einer jüdischen Renaissance die Rede war, sagten zugleich einige Autoren den nahenden Niedergang des deutschen Judentums voraus. Diejenigen, die eine jüdische Renaissance am

Werk sahen, verwiesen auf die Äußerungen eines gewachsenen jüdischen Selbstbewusstseins durch Studenten, Zionisten und einige Mitglieder des CV; sie lenkten den Blick auf die Gründung neuer Kulturvereinigungen, auf Bemühungen, eine eigenständige jüdische Kunst hervorzubringen, auf die in manchen Kreisen wohlwollendere Einschätzung osteuropäischer Juden und auf Versuche einiger junger Leute, mit einem innerlichen Gefühl des Jüdischseins in Berührung zu gelangen. Die meisten dieser Anzeichen, die als Beleg für eine Renaissance herangezogen wurden, beruhten auf subjektiven Wahrnehmungen. Es ist schwer zu bemessen, wie groß der Anteil unter den deutschen Juden war, der von diesen Trends einer Wiederbelebung jüdischer Kultur und Identität erfasst wurde. Die Mehrzahl der Belege ist literarischer Natur und stammt aus städtischen, gebildeten Kreisen. Unbekannt ist zudem, wie nachhaltig die verschiedenen Beispiele eines wieder auflebenden Interesses am Jüdischen gewesen sind: Entwickelte sich bei jungen, vom Antisemitismus betroffenen Menschen dauerhaft eine erhöhte Achtsamkeit gegenüber ihrem Jüdischsein oder hielt diese nur ein paar Jahre an, bevor sie wieder abklang?

Die prominentesten Verfechter einer pessimistischen Sicht auf die Zukunft der westlichen (vor allem der deutschen) Juden, Arthur Ruppin und Felix Theilhaber, machten sich daran, harte statistische und soziologische Belege für ihre alarmistischen Behauptungen zu präsentieren. Zu den Trends, die sie in ihren Arbeiten nachzeichneten, gehörten der quantitative Zuwachs bei Konversionen und Mischehen, ein gestiegenes Heiratsalter, eine Abnahme bei der Geburtenrate und der Familiengröße sowie die Abwanderung aus kleinstädtischen Zentren mit einem intakten jüdischen Umfeld in anonyme säkularisierte Metropolen. Laut Ruppin und Theilhaber wurden diese soziologischen Trends außerdem von einem subjektiv fassbaren Niedergang begleitet – dem Verzicht auf jüdische Sprache und Kleidung, der Abnahme jüdischen Wissens, der allmählichen Auflösung des sozialen Zusammenhalts unter Juden und einer überrationalistischen, gleichgültigen Haltung gegenüber der Welt sowie Nervosität und Nervenschwäche. Dieser pessimistische soziologische Ansatz bildet einen bedeutenden Vorbehalt dagegen, die weit verbreiteten Beschreibungen einer jüdischen Renaissance für bare Münze zu nehmen. In den ersten vier Jahrzehnten des 20. Jahrhunderts lieferte das deutsche Judentum gleichzeitig Indizien für eine Wiederbelebung wie auch für eine Schwächung von Identität und Zusammenhalt. Es bleibt schwer, zu beurteilen, welche dieser einander widersprechenden Tendenzen tatsächlich die stärkere gewesen ist.

Als die beiden Autoren 1911 ihre pessimistischen Bilder von den Entwicklungstendenzen des deutschen Judentums zeichneten, wies eine breite Mehrheit der Kritiker ihre Behauptungen als übertrieben, alarmistisch und nicht von den Fakten gestützt zurück. Doch in den 1920er Jahren gelangte eine wachsende Zahl anderer Beobachter zu der Überzeugung, dass Ruppin und Theilhaber Trends vorhergesehen hatten, die sich nach dem Ersten Weltkrieg weit ausgeprägter zeigen sollten.

Religiöse Entwicklungen in der Weimarer Republik

Während des Ersten Weltkriegs und in der Weimarer Republik waren sowohl Anzeichen für eine jüdisch-kulturelle Wiedergeburt als auch für eine weitergehende Assimilation und Abkehr vom Judentum bemerkbar – womöglich noch bemerkbarer als in den Vorkriegsjahren. Ähnlich wie in der Zeit vor dem Ersten Weltkrieg handelte es sich bei den Anhaltspunkten, die auf eine jüdische Renaissance hindeuteten, eher um subjektiv wahrgenommene und kulturelle Aspekte, während diejenigen Indizien, die für eine Assimilation sprachen, eher soziologischer Natur waren. Manches von diesen widersprüchlichen Trends lässt sich auch noch später, in den ersten Jahren der nationalsozialistischen Herrschaft auffinden.

Die Erwachsenenbildung und »das neue Lernen«

Im Bereich des Unterrichts für deutsch-jüdische Erwachsene über jüdische Texte und Themen kam es während der Weimarer Republik zu erheblichen Erweiterungen. Zum Teil handelte es sich dabei um eine jüdische Parallelentwicklung zur allgemeinen deutschen Volkshochschulbewegung. Das berühmteste und einflussreichste aller jüdischen Lehrprogramme am *Freien Jüdischen Lehrhaus* in Frankfurt am Main repräsentierte unter Leitung von Franz Rosenzweig (1886-1929) jedoch einen ganz eigenen philosophischen Ansatz, der es mit den weit verbreiteten Gedanken von einer spirituellen und religiösen Wiederbelebung verband. Im Unterschied zu den allgemeinen deutschen *Volkshochschulen* richtete sich das *Lehrhaus* an ein (weltlich) gebildetes und ökonomisch prosperierendes Publikum, das sich die Unterrichtsgebühren leisten konnte. Obschon der Name den Gedanken an ein traditionelles Bet Midrash hervorrufen sollte, handelte es sich beim *Lehrhaus* selbstverständlich um eine ganz andere – vor allem moderne – Institution. In den ersten Jahren nach der Gründung (1920) veranstaltete das *Lehrhaus* erfolgreiche Vortragsreihen mit berühmten Intellektuellen, die ein großes Publikum anzogen. Rosenzweigs Hauptinteresse richtete sich jedoch auf das intensive Studium der Schriften in kleineren Gruppen. Ihm ging es darum, solche Personenkreise zu einer Auseinandersetzung mit traditionellen Quellen wie der Bibel, dem Talmud und mystischen Texten zu bewegen, die damit nie zuvor in Berührung gekommen waren. Obwohl im *Lehrhaus* intensiver Hebräischunterricht stattfand, studierten die Klassen die Schriften – da die Lehrer selbst keine Experten waren – in deutscher Übersetzung. Die Intention bestand darin, das Studium intensiv und kollaborativ zu gestalten, und Studierende nicht zu passiven Zuhörern fachkundiger Lehrer zu degradieren. Rosenzweig hoffte, dass die Studierenden sich nicht allein mit den Texten beschäftigen, sondern auch traditionelle religiöse Praktiken in ihr alltägliches Leben miteinbeziehen würden. Obwohl er gewiss viele seiner Anhänger inspirierte, folgte ihm die Mehrheit auf diesem Weg hin zum traditionelleren Brauchtum nicht. Als sich seine Lähmungserkrankung verschlimmerte, zog sich Rosenzweig aus der Leitung des *Lehrhauses* zurück, welches nach 1926 den Betrieb praktisch einstellte.

Ein anderes Vorhaben, an dem Rosenzweig sich beteiligte (in Zusammenarbeit mit Martin Buber), war eine neue deutsche Übersetzung der Bibel. Oft wird die Buber-Rosenzweig-Übersetzung (1926-1961) der Mendelssohnschen aus dem 18. Jahrhundert gegenübergestellt. Hatte Mendelssohn sich bemüht, einem mit dem hebräischen Originaltext vertrauten Publikum Hochdeutsch nahezubringen, versuchten Buber und Rosenzweig, ein mit deutscher Sprache und Kultur vertrautes Publikum wieder mit dem Klang der Bibel im Original bekannt zu machen. Die Übersetzer mühten sich, durch Verwendung ungewöhnlicher und häufig sehr wörtlicher Übertragungen den Tonfall des hebräischen Originals wiederzugeben. Mendelssohn übersetzte zum Beispiel Genesis I,2 wie folgt: »*Die Erde aber war unförmlich und vermischt; Finsterniß auf der Fläche des Abgrunds und der göttliche*

Geist webend auf den Wassern.« Bei Buber und Rosenzweig lautete diese Stelle hingegen: »*Die Erde aber war Irrsal und Wirrsal. Finsternis über Urwirbels Antlitz. Braus Gottes schwingend über dem Antlitz der Wasser.*«[14] Die Neuübersetzung war umstritten; manche Kritiker warfen ihr vor, altertümelnd und neoromantisch zu sein.

Gemeindepolitik

In der jüdischen Gemeindepolitik der 1920er Jahre ging es lebhafter zu als vor dem Krieg, und sie war zudem anders strukturiert. Die meisten Gemeinden hatten das Wahlrecht demokratisiert: Einschränkungen aufgrund des Steueraufkommens sowie getrennter Einkommenskurien waren abgeschafft und Frauen das Stimmrecht gewährt worden. Auch Mitgliedern ohne Staatsangehörigkeit gewährten die meisten Gemeinden das Stimmrecht, obschon Gemeinden in Sachsen, in denen deutsche Staatsbürger in der Minderheit waren, nach wie vor Vorkehrungen trafen, um Einheimischen die Kontrolle über die Gemeinde zu sichern. Die Wahlbeteiligung lag weit über der in den Vorkriegsjahren. 1930 erreichte sie einen Höhepunkt, als bei der Berliner Gemeindewahl 77.000 Stimmen abgegeben wurden. Zu einer bedeutenden Kraft in der Gemeindepolitik wuchs die 1919 gegründete *Jüdische Volkspartei* (JVP) heran, die in den meisten großen Gemeinden die liberale Vorherrschaft anfocht. Angeführt wurde die JVP hauptsächlich von Zionisten im Bündnis mit orthodoxen und osteuropäischen Gruppierungen (obwohl die Partei nicht mit der Führung der *Zionistischen Vereinigung für Deutschland* übereinstimmte, die eine Beteiligung an der Gemeindepolitik vor Ort als Ablenkung vom Hauptziel – dem Aufbau jüdischen Lebens in Palästina – betrachtete). Die JVP verlangte eine Neudefinition der jüdischen Gemeinden, die statt als reine Kultusgemeinden als

14 So in der Fassung der vor seinem Tod von Rosenzweig gebilligten zweiten Auflage (1930). In der Fassung der Erstauflage (1926) hieß es: »Und die Erde war Wirrnis und Wüste. Finsternis allüber Abgrund. Braus Gottes brütend allüber den Wassern.«

Volksgemeinden zu verstehen seien, und sie strebte danach, die nationale und kulturelle Identität der deutschen Juden als Juden zu stärken. Sie setzte sich für die Schaffung jüdischer Ganztagsschulen, für die Förderung der hebräischen Sprache sowie für die Interessen von Immigranten und weniger wohlhabenden Gemeindemitgliedern ein, lehnte dagegen Orgeln und die zunehmende Verwendung der deutschen Sprache im Synagogengottesdienst ab. Den größten Wähleranhang fand die JVP unter osteuropäischen Einwanderern und deren Kindern. Gegen Ende der 1920er Jahre hatte sie die »gesetzestreuen« Konservativen als wichtigste antiliberale Kraft in den jüdischen Gemeinden ersetzt.

Am entgegengesetzten Ende des jüdischen »politischen« Spektrums befand sich der 1921 von Max Naumann (1875-1939) gegründete *Verband nationaldeutscher Juden*, der die rein deutsche nationale Identität deutscher Juden betonte. Seine Mitglieder (umgangssprachlich häufig als *Naumannianer* bezeichnet) behaupteten, kein Gefühl der Zusammengehörigkeit mit Juden außerhalb Deutschlands zu empfinden, und sie traten vehement gegen die Einwanderung bzw. den Einfluss von *Ostjuden*, Zionisten und politisch linksgerichteten Juden auf. Den dominierenden *Central Verein* prangerten Naumann und seine Anhänger als Vertretung der »*Zwischenschichtler*« an, die sich nicht entscheiden könnten, ob sie echte Deutsche seien oder eine jüdische Nationalidentität befürworteten. Naumann drängte liberale Juden, keinerlei Kompromiss mit dem Zionismus einzugehen, dem er vorwarf, eine rassistische Definition vom Judentum zu vertreten. In der Tendenz waren die *Naumannianer* politisch konservativ, deutschnational und religiös nichtpraktizierend. Einige ihrer führenden Köpfe gehörten der unabhängigen *Reformgemeinde* in Berlin an. *Nationaldeutsche Juden* waren sehr umtriebig, ihre Ansichten publik zu machen, scheinen aber nur eine kleine Minderheit der deutschen Juden repräsentiert zu haben. Bei jüdischen Gemeindewahlen boten sie gewöhnlich keine Kandidaten auf, und als sie 1930 für die Berliner Gemeindewahl eine »Deutsche Liste« zusammenstellten, erhielt diese lediglich 1344 Stimmen (knapp unter zwei Prozent) gegenüber 41.797 Stimmen für die Liberalen und 25.526 für die JVP. In den frühen 1930er Jahren bemühte sich der *Verband nationaldeutscher Juden* erfolglos darum, dass seine Anhänger von den Nationalsozialisten als loyale deutsche Nationalisten anerkannt wurden.

Neue Haltungen in den religiösen Bewegungen der Liberalen und Orthodoxen

Obwohl sich in den 1920er Jahren die Schwerpunkte merklich von religiösen Konflikten hin zu Fragen der ethnischen Zugehörigkeit der Juden verlagerten, fanden religiöse Bewegungen weiterhin die Aufmerksamkeit einer nennenswerten Minderheit der deutschen Juden. In der liberalen Bewegung blieb ein Gegensatz weiterhin augenfällig, der die kleinen Gruppen der Aktivisten – fest entschlossen, die religiöse Botschaft des Liberalismus wiederzubeleben und zu modernisieren – von der großen Zahl bloß nomineller Anhänger unterschied. Für eine fortschreitende Säkularisierung lassen sich jede Menge Belege finden. So sank zum Beispiel in den 1920er Jahren in vielen deutschen Großstädten die Zahl der Synagogenbesucher an den hohen Feiertagen auf 50 Prozent oder tiefer.

In Hamburg, wo der liberale *Tempelverband* und der orthodoxe *Synagogenverband* innerhalb der jüdischen Gesamtgemeinde eigene Mitgliedslisten führten, gehörten in den 1920er Jahren rund 65 Prozent, der städtischen Juden zu keiner religiösen Vereinigung. Von den 35 Prozent die tatsächlich einer Vereinigung angehörten, zahlten 1579 Gebühren an die orthodoxe Gruppe, 453 an den Reformtempel und weitere 398 an die ideologisch dazwischen stehende *Neue Dammtor Synagoge*. Etwa zur selben Zeit hatten von den Hamburger Juden, die andere Juden heirateten, 30 Prozent keine religiöse Trauungszeremonie, während 32 Prozent orthodox heirateten, 20 Prozent im Tempel und 18 Prozent in der Synagoge am Neuen Dammtor.

Liberale Juden, die das jüdische Glaubensleben für die enorme Zahl religiös Indifferenter attraktiver machen wollten, standen vor einem Paradox. Sie wünschten sich, den jüdischen Glauben zu stärken und mehr Juden zurück zu religiöser Hingabe zu geleiten. Um aber die Ungebundenen anzuziehen, spürten sie die Notwendigkeit, den Gottesdienst weniger traditionell zu gestalten. Ihren Vorstellungen zufolge würde ein vermehrter Gebrauch der deutschen Sprache, kürzere Gottesdienste, gemischtgeschlechtliche Sitzordnungen und irgendeine Art von Sonntagsgottesdienst (für jene, die am Sabbat die Synagoge nicht besuchen konnten), dabei helfen, die vielen bindungslosen Juden anzuziehen, die zum liberalen Gottesdienst in der gebotenen Form keinen Zugang finden konnten. Wer solche Neuerungen vorschlug, traf allerdings auf Widerspruch nicht nur von orthodoxen Kräften in der Einheitsgemeinde, sondern auch von vielen, die liberale Gottesdienste bereits besuchten und deren traditionelle Elemente beibehalten wollten. In vielerlei Hinsicht weitete sich das Spektrum der liberalen Bewegung (sowohl bei Laien als auch unter Rabbinern), indem manche Neuerungen verhindern wollten, während andere diese vorschlugen. Hinzu kamen Differenzen über das Verhältnis zum Zionismus, wobei Rabbiner gewöhnlich eher als die militanteren Laien bereit waren, bei zionistischen Aktivitäten zu kooperieren.

Zwei innovative Berliner Synagogen veranschaulichen beispielhaft die Bandbreite der liberalen Bewegung in den 1920er und 1930er Jahren. 1923 bildete eine Gruppe von etwa 200 Personen eine neue religiöse Vereinigung, die *Liberale Synagoge Norden*, in einem Teil von Berlin, in dem hauptsächlich osteuropäische und orthodoxe Juden wohnten. Sie wünschten sich eine intimere religiöse Erfahrung als in den großen »Orgelsynagogen« der Stadt, wofür viele religiöse Neuerungen eingeführt, zugleich aber einige früher vernachlässigte Traditionen wiederbelebt wurden. Der Hauptgottesdienst fand am Freitagabend statt, wurde verkürzt und hauptsächlich in Hebräisch abgehalten; Frauen und Männer saßen zusammen. Obwohl es einen Rabbiner, eine Orgel und einen kleinen Chor gab, beteiligten sich die Laien beim Singen, lasen aus der Thora und hielten kurze Predigten. Traditionelle Verrichtungen wie Selichot (Bußgebete vor Neujahr), Havdala

(Gottesdienst zum Sabbatende) und der Bau eine Sukka (Laubhütte) wurden wieder eingeführt. Die Kongregation hielt zudem regelmäßig *Gemeindeabende* ab und gab ihr eigenes Bulletin *Die Gemeinschaft* heraus. Einige wenige andere Gruppen in Berlin ahmten das Beispiel der kleinen *Synagoge Norden* nach.

Im eleganten Westberliner Stadtviertel Wilmersdorf ließ die jüdische Gemeinde eine große liberale Synagoge mit 2300 Plätzen erbauen, die 1930 eingeweiht wurde. Nach langwierigen Auseinandersetzungen wurde entschieden, dass Männer und Frauen in der neuen Synagoge nicht getrennt sitzen sollten. Geschlechtergemischte Sitzordnungen, die in amerikanischen Reformsynagogen und auch in den meisten amerikanischen konservativen Synagogen schon lange etabliert waren, sorgten bei der Einführung in deutschen *Gemeindesynagogen* für heftigen Streit. Selbst einige liberale Berliner Rabbiner widersetzten sich dieser Neuerung, die sie als gefährlich betrachteten. Rabbiner Leo Baeck schlug den Kompromiss vor, sowohl getrennte Bereiche für Frauen und Männer als auch einen Bereich in der Mitte mit gemischter Sitzmöglichkeit einzurichten. Hier zeigt sich deutlich, in welchem Maße das deutsche liberale Judentum (zumindest in den Formen) traditioneller war als das nicht-orthodoxe Judentum in den Vereinigten Staaten.

1929 gab das liberale Judentum in Deutschland schließlich ein »Einheitsgebetbuch« für Gesamtdeutschland heraus (mit lokal unterschiedlichen Varianten). In mancherlei Hinsicht wurden mit diesem neuen Gebetbuch Neuerungen eingeführt; andererseits kehrte man aber auch zu traditionellen Formulierungen zurück, die aus vielen liberalen Gebetbüchern zuvor bereits entfernt worden waren.

In den 1920er Jahren erlangte das englischsprachige Judentum wachsenden Einfluss auf das liberale Judentum in Deutschland (umgekehrt zur Richtung des Einflusses im 19. Jahrhundert). Am deutlichsten kam dies durch die 1926 in England gegründete *World Union for Progressive Judaism* zum Ausdruck, die 1928 ihre internationale Konferenz mit Repräsentanten aus vielen Ländern, insbesondere aus den Vereinigten Staaten, Großbritannien und

Deutschland in Berlin abhielt. Geleitet wurde die Konferenz unter anderem von Lily Montagu und Claude Montefiore aus England sowie von Leo Baeck aus Deutschland. Trotz lebhafter Debatten und vieler Diskussionen über die unterschiedlichen Eigenarten des progressiven Judentums in verschiedenen Ländern wurden nur wenige konkrete Entscheidungen getroffen. Die Anwesenheit der weniger traditionsgebundenen englischsprachigen Teilnehmer trug vermutlich dazu bei, die deutschen Liberalen dazu zu bewegen, zusätzliche Neuerungen zumindest zu erwägen. Einige Vertreter konservativerer Kräfte, vor allem die Vertreter einer in verschiedenen Gemeinden vorhandenen religiösen »*Mittelpartei*«, warnten allerdings vor dem radikalisierenden ausländischen Einfluss der *World Union*.

Auch bei der orthodoxen Minderheit innerhalb des deutschen Judentums zeichnete sich erkennbar eine Verlagerung der Schwerpunkte ab. Beim althergebrachten Kräftereservoir des Landjudentums setzte sich hinsichtlich der quantitativen Stärke und in manchen Fällen auch im Hinblick auf die religiöse Leidenschaft ein Niedergang fort. Vielerorts wurde berichtet, dass die jüngere Generation jüdische Traditionen immer weniger befolge und zumindest privat die Sabbat- und Speisegesetze verletze. In solchen Enklaven wie Nordhessen und Unterfranken blieb die ländliche Tradition zwar weiterhin verhältnismäßig stark, wurde aber in westlich gelegenen Gebieten wie Westfalen und dem Rheinland deutlich geschwächt. In den Großstädten wuchs hingegen die Einwanderungsbevölkerung zunehmend zu einer bedeutenden Kraft innerhalb der deutschen Orthodoxie heran. Bestand in weiten Teilen der orthodoxen Bevölkerung zwischen West- und Ostjuden weiter eine breite Kluft, so traf dies für die Jugend schon weniger zu. In städtischen orthodoxen Gemeinden blieb der Einfluss der von Samson Raphael Hirsch vertretenen Ideologie des Torah im Derech Eretz (eine Verknüpfung von weltlicher Kultur mit streng religiöser Observanz) zwar vorherrschend, doch gab es einige Anhaltspunkte für Unzufriedenheit mit dieser älteren Synthese. Bereits 1890 hatte Hirschs Schwiegersohn Salomon Breuer in Frankfurt eine Jeschiwa reetabliert, in der man sich ausschließlich dem Studium des Talmud und anderer rabbinischer Schriften widmete. Im Laufe der 1920er Jahre entstanden in verschiedenen deutschen Städten weitere kleine Jeschiwot traditionellen Zuschnitts. Außerdem wurde in den 1920er and frühen 1930er Jahren eine geringe Zahl junger orthodoxer Männer aus Deutschland entsandt, um an osteuropäischen Jeschiwot (vor allem in Mir und Telz) zu studieren. Osteuropäische Bräuche und Traditionen wurden zudem in wachsendem Maße durch orthodoxe Publikationen und Bildungsbemühungen bekannt gemacht. Obwohl die nichtzionistische *Aguda* einflussreich blieb, zog auch der religiöse Zionismus manchen orthodoxen deutschen Juden an. Selbst der »Antizionist« Isaac Breuer (ein Enkel von Samson Raphael Hirsch) sah das Judentum als »Torah-Nation« und nicht bloß als religiösen Glauben an. Einige orthodoxe Denker begannen überdies, die mystisch-jüdische Tradition (Kabbala) in positiverem Licht zu betrachten, als dies ihre rationalistischeren orthodoxen Vorläufer im 19. Jahrhundert getan hatten.

In der Orthodoxie fiel die Unterscheidung zwischen Austritts- und Gemeindeorthodoxen mal mehr und mal weniger scharf aus. In Frankfurt gewann der charismatische gemeindeorthodoxe Rabbiner Anton Nehemia Nobel (1871-1922) innerhalb und außerhalb der orthodoxen Gemeinschaft viele Anhänger wegen seiner Offenheit gegenüber der Allgemeinkultur (insbesondere Goethe), seinem innigen Bekenntnis zum jüdischen Volkstum und der Einbeziehung mystischer Tendenzen. Während sich die Separatisten in Frankfurt von Rosenzweigs Lehrhaus fern hielten, spielte Rabbiner Nobel bei dessen Aktivitäten eine bedeutende Rolle. Sein frühzeitiger Tod ließ jedoch seine Anhängerschaft auseinanderfallen. Ein anderes Beispiel für die Unabhängigkeit der Gemeindeorthodoxen lieferte die Gründung von *Achduth – Vereinigung gesetzestreue Juden Deutschlands* im Jahr 1923, die als Alternative zu separatistisch dominierten Organisationen antrat.

Eine Blütezeit jüdischer Religionsphilosophie

Der Zeitraum vom Beginn des 20. Jahrhunderts bis zum Ende der 1920er Jahre war gekennzeichnet durch die Abfassung und Veröffentlichung vieler einflussreicher Werke zur jüdischen Religion und Theologie. War das religiöse Denken des 19. Jahrhunderts hauptsächlich von Fragen der Zulässigkeit religiöser Änderungen und der Anpassung an die deutsche Kultur beherrscht worden, so ging es im frühen 20. Jahrhundert stärker um das Bedürfnis nach religiösem Halt in diesem zunehmend säkularen Zeitalter. Statt sich an eine immer noch traditionsverhaftete, um Aufnahme in die Mehrheitsgesellschaft ringende Gemeinschaft zu richten, wandten sich viele der neueren Werke nun eher an vollkommen akkulturierte Juden, die in einer modernen Welt nach Sinn suchten.

Einige jüdische Denker des späten 19. Jahrhunderts stellten das Judentum als eine besonders reine Form des ethischen Monotheismus dar. Zwei der hervorragendsten Vertreter dieser Betonung des Ethischen, Moritz Lazarus (1824-1903) und Hermann Cohen (1842-1918), waren zugleich bedeutende Theoretiker der allgemeinen Philosophie ihrer Zeit. Lazarus gilt als einer der Begründer der *Völkerpsychologie*, dem Versuch einer wissenschaftlichen Erfassung der Psychologie und Kultur nationaler bzw. ethnischer Einheiten. Sein wichtigstes jüdisches Werk, das zweibändige *Die Ethik des Judentums*, erschien zuerst im Jahr 1898. Cohen, Philosophieprofessor an der Universität Marburg und führender Neokantianer in Deutschland, hatte sich in seinen frühen Arbeiten auf die Interpretation der Werke Kants konzentriert sowie darauf, dessen Gedanken zur Epistemologie (Erkenntnistheorie) und Ethik weiterzuentwickeln und zu verteidigen. Cohens Lehre einer Universalethik, die er auf eine transzendentale »Wissenschaft vom Menschen« stützte, tendierte dazu, einen nichtmarxistischen Typ des demokratischen Sozialismus zu bevorzugen, der – so glaubte er – eher zu universeller Gerechtigkeit führen werde. In späteren Jahren wandte sich Cohen zunehmend Fragen der jüdischen Religionsphilosophie zu, die er sehr eng mit seiner Ethiklehre verknüpfte. Er verstand das menschliche Streben nach Ethik als Etablierung einer »Korrelation« zwischen Individuum und Gott. Hatte Cohen ursprünglich Gott als eine bloß rationale Idee betrachtet, gelangte er mit der Zeit dazu, in Gott ein Wesen zu sehen, zu dem man eine Beziehung aufbauen könne. In seinem posthum erschienenen Werk *Religion der Vernunft aus den Quellen des Judentums* (1919) argumentierte Cohen, dass das Judentum als die ursprüngliche monotheistische Religion die Quelle der Religion der Vernunft sei, die daher am besten durch das Studium der heiligen Schriften und religiösen Texte der Juden zu verstehen sei. Er war davon überzeugt, dass das messianische Ideal dereinst mit der Herrschaft sozialer Gerechtigkeit auf Erden verwirklicht werden würde. Dem Zionismus widersprach Cohen; er glaubte vielmehr, dass Judentum und deutsche Identität im Grunde in Einklang zueinander stünden und dass religiöse Ziele eher universeller, denn nationaler Natur seien.

Lazarus und Cohen hielten grundsätzlich noch am Primat der Vernunft für das Verständnis von Universum und Religion fest. Ein Großteil des deutschen (und generell des europäischen) Denkens im späten 19. und frühen 20. Jahrhundert begann jedoch, vom Primat der Vernunft Abstand zu nehmen und stattdessen die Bedeutung von Instinkt, Subjektivität und Mysterium für das Verständnis des Universums zu betonen. Diesem antirationalen Trend folgten auch viele jüdische Denker des frühen 20. Jahrhunderts, wenngleich jedoch das Judentum im allgemeinen stärker der Vernunft verschrieben blieb als ein Großteil des christlichen und nichtreligiösen Denkens der Zeit. Diese Abwendung vom reinen Rationalismus veranschaulichen beispielhaft, wenn auch auf ziemlich unterschiedliche Weise, Persönlichkeiten wie Martin Buber (1878-1965), Franz Rosenzweig (1886-1929) und Leo Baeck (1873-1956). Alle drei sind auf die eine oder andere Art mit existenzialistischen Strömungen in Verbindung gebracht worden.

Martin Bubers Laufbahn, die sich über den längsten Zeitraum erstreckte, war gekennzeichnet durch eine Reihe von bedeutenden Verschiebungen seiner philosophischen Schwerpunkte. Im frühen 20. Jahrhundert interessierte Buber sich für Lebensphilosophie und unmittelbares inneres *Erlebnis*. Er erforschte das Phänomen mystischer Erfahrung und studierte sowohl die christliche Mystik als auch den jüdischen Chassidismus. Buber war überzeugter Kulturzionist. Mit seinen in Prag gehaltenen *Drei Reden über das Judentum* (1911) hielt er das Publikum dazu an, die innere und angeborene Realität des Jüdischseins zu pflegen, die überlagert werde von einer äußeren, deutschen und europäischen Kultur, in man aufgezogen worden sei. In seinem Buch *Ich und Du* – 1916 begonnen und 1923 erstmals veröffentlicht – wandte sich Buber von der Betonung inneren Erlebens hin zu einer »Philosophie des Dialogs«. Er unterschied zwischen zwei Arten von Beziehungen: der intimen Ich-Du-Beziehung und der unpersönlichen und rationalen Ich-Es-Beziehung. Die Beziehung zu Gott als *»das ewige Du«* verstand er als Prototyp jeder intimen Beziehung. Diese direkte, intime Beziehung zu Gott hatte unvermittelt zu sein und konnte nach Bubers Vorstellung durch keinerlei gesetzliche Form bestimmt werden. Daher lehnte er das jüdische Religionsgesetz (Halacha) als Behinderung einer unmittelbaren Beziehung zu Gott vehement ab. Buber wirkte sowohl in den 1920er Jahren im Frankfurter *Lehrhaus* als auch in der jüdischen Erwachsenenbildung der 1930er Jahre als charismatischer Lehrer und Redner. Zeit seines Lebens Zionist sprach er sich energisch für eine arabisch-jüdische Zusammenarbeit und die Schaffung eines binationalen Staates in Palästina aus. Bubers Einfluss als Religionsphilosoph reichte über die jüdische Gemeinschaft hinaus. Schon in den 1920er Jahren beteiligte er sich an der interreligiösen Zeitschrift *Die Kreatur*; daneben beeinflusste sein Denken viele christliche Denker, vor allem in Amerika um die Mitte des 20. Jahrhunderts.

Im Unterschied zu Buber, der bereits in seiner Jugend profundes Wissen über das Judentum erworben hatte, stammte Rosenzweig aus einer hochgradig akkulturierten Familie, aus der einige Mitglieder zum Christentum übergetreten waren. Auch Rosenzweig selbst erwog einmal ernsthaft den Übertritt zum Christentum, doch habe ihn das Erleben eines orthodoxen Jom-Kippur-Gottesdienstes in Berlin überzeugt, jüdisch zu bleiben. Er wahrte

Respekt gegenüber dem Christentum, auch wenn er besondere theologische Werte des Judentums geltend machte. In einem komplexen und schwer verständlichen systematischen Werk *Der Stern der Erlösung* (1921) legte Rosenzweig seine grundlegende Ansicht über *das All* dar. Als drei Grundkomponenten nannte er *Gott, die Welt, und der Mensch,* die durch *Schöpfung, Offenbarung* und *Erlösung* in Beziehung zueinander stünden. Obschon Martin Buber und Franz Rosenzweig im Frankfurter *Lehrhaus* und an der Übersetzung der Bibel ins Deutsche zusammenarbeiteten, gerieten die beiden Freunde dennoch öfters in heftigen philosophischen Streit. Rosenzweigs Philosophie war weitaus theozentrischer als Bubers. Außerdem teilte er Bubers Zionismus nicht; vielmehr hielt er sein eigenes Judentum für eine Bereicherung seines Deutschtums. Rosenzweig war überzeugt davon, dass das Judentum außerhalb der Geschichte lebe und dass das jüdische Volkstum eher religiöser, denn politischer Natur sei. Die deutlichste Meinungsverschiedenheit herrschte jedoch in der Frage nach der Bedeutung des jüdischen Religionsgesetzes. Buber vertrat die Auffassung, das Gesetz könne nie einen Weg bahnen, auf dem sich Gott und die Menschheit begegnen. Gleichwohl versuchte Rosenzweig mit seinem an Buber gerichteten offenen Brief *Die Bauleute* (1923) den Freund vom Wert spezifischer religiöser Praktiken zu überzeugen. Er unterstrich dabei den Unterschied zwischen *Gebot* und *Gesetz.* So sei es die Pflicht eines Juden, im *Gesetz* ein direktes göttliches *Gebot* zu erkennen, welches eher aus Liebe zu Gott denn aus bloßem Gehorsam zu erfüllen sei. Die orthodoxe Unterscheidung zwischen *erlaubt* und *verboten* verwarf Rosenzweig. Vielmehr zeigte er sich überzeugt, dass jeder Einzelne für sich selbst herausfinden könne, in welchem Umfang er imstande sei, die Praktiken auszuführen. Diese nichtorthodoxe Haltung, die dennoch gegenüber allen traditionellen Bräuchen offen blieb, wird wohl am besten durch eine Rosenzweig zugeschriebene Aussage illustriert; so habe er auf die Frage, ob er Gebetsriemen anlege, geantwortet: »noch nicht«.

Auch Leo Baecks Religionsphilosophie war im Laufe seines Lebens bedeutsamen Wandlungen unterworfen. Sein erstes wichtiges Werk, *Das Wesen des Judentums* (1905), hatte er als Antwort auf Adolf von Harnacks *Das Wesen des Christentums* (1900) verfasst. Harnack, ein liberaler protestantischer Theologe, lehnte zwar die meisten traditionellen christlichen Dogmen ab, beharrte aber dennoch auf einer Überlegenheit des Christentums als auch auf seiner essentiellen Differenz zum Judentum. In der 1905 erschienenen ersten Ausgabe seiner Erwiderung stellt Baeck das Judentum noch als eine in erster Linie rationale Religion dar, deren Essenz der ethische Monotheismus sei, der alle anderen großen westlichen monotheistischen Religionen ermöglicht habe. Baeck betrachtete die jüdische Betonung *der Tat* als überlegen gegenüber einer christlichen Betonung von Glauben und Dogma. So stellte er das Judentum in einem Essay unter dem Titel *Romantische Religion* (1922) als eine sozial orientierte, klassische Religion des Handelns und des Optimismus dar, während er im Christentum eine introvertierte und individualistische, romantische Religion des Glaubens und der Passivität sah. Im Laufe der Zeit aber wuchs Baecks Akzeptanz gegenüber irrationalen und mystischen Elementen der Religion; zudem akzentuierte er stärker den Volkscharakter des Judentums. Offenkundig wurde dies mit der 1922 erweiterten Ausgabe von *Wesen des Judentums*, die viele Argumente der ersten Auflage revidierte. Baeck beschrieb das Judentum nun als balancierend zwischen *Gebot*, der Forderung Gottes nach (ethischem) Handeln, und *Geheimnis*, dem Mysterium der Existenz Gottes. Vor allem in seinen späteren, nach dem Holocaust erschienenen Schriften, gelangte Baeck dazu, das jüdische Volk als ein ebenso außergewöhnliches Phänomen anzusehen wie die jüdische Religion.

Die Rolle der Jugend im Wandel

Die deutsche Gesellschaft des frühen 20. Jahrhunderts schenkte der Rolle junger Menschen sehr viel mehr Aufmerksamkeit als in vorausgegangenen Zeiten. Eine aus dem deutschen Bürgertum hervorgegangene Jugendbewegung – beispielhaft vertreten zunächst durch den *Wandervogel* und später durch die *Bündische Jugend* – erzeugte einen neuen Geist der Auflehnung gegen die verstädterte, bürgerliche, rationalistische Mentalität der Eltern. Man legte Wert auf die durch das Wandern zu gewinnende Verbundenheit mit der Natur und auf die Erzeugung eines intensiven Gefühls von Kameradschaft. Manche der Gruppen gaben sich hochelitär und betonten das Führerprinzip, eine ganze Reihe von ihnen war zudem ausgesprochen patriotisch und antisemitisch.

Junge Juden fühlten sich von den Idealen und Ritualen der Jugendbewegung vielfach angezogen, fanden sich jedoch in zahlreichen Fällen – offiziell oder inoffiziell – ausgeschlossen. Sie gingen dazu über, eigene Jugendbewegungsgruppen zu bilden. Wegbereitend für die entstehende jüdische Jugendbewegung war der 1912 gegründete, zionistisch ausgerichtete *Blau-Weiß, Bund für jüdisches Jugendwandern in Deutschland*. Viele seiner Mitglieder spielten auch weiterhin in jüdischen Lebensbereichen eine aktive Rolle. Ebenso wie die allgemeinen deutschen Jugendorganisationen zersplitterte auch die jüdische Jugendbewegung in eine Vielzahl ideologisch unterschiedlicher Richtungen. *Blau-Weiß* existierte nur bis zur Mitte der 1920er Jahre, doch entstand eine ganze Anzahl anderer zionistischer Jugendgruppen, die mit den verschiedenen ideologischen Schattierungen innerhalb des Zionismus (allgemeine, sozialistische, orthodoxe) verbunden waren. Einer der größten nichtzionistischen Bünde, der *Deutsch-Jüdische Wanderbund Kameraden*, wurde 1916 von jungen Leuten gegründet, die ihr Empfinden des Jüdisch- und des Deutschseins zu kombinieren wünschten. 1932 spalteten sich die *Kameraden* in drei ideologisch getrennte Gruppen: Die *Werkleute* als größte Gruppe steuerte in eine sozialistisch-zionistische Richtung; die zweitgrößte Gruppe, *Schwarzes Fähnlein*, wandte sich einer deutschnationalen Richtung zu; und die kleinste Gruppe, die *Freie Deutsch-Jüdische Jugend*, schwenkte auf die Linie der deutschen Arbeiterbewegungslinken ein. Bei der orthodoxen Jugend übernahm *Esra* einige der Äußerlichkeiten der deutschen Jugendbünde, darunter die Uniformen und das Wandern.

Von Jugendlichen selbst betriebene Anti-Establishment-Vereinigungen nach dem Vorbild der Jugendbewegung (wie *Blau-Weiß* und *Kameraden*) waren nicht die einzige Art von Jugendorganisation, die in den 1920er und 1930er Jahren gegründete wurden. Auch das jüdische Establishment selbst gelangte bald zu der Ansicht, dass eine Mobilisierung der Jugend für den Fortbestand des deutschen Judentums unerlässlich sei. Also begannen Gemeinden und etablierte ideologische Organisationen damit, eigene Jugendgliederungen aufzubauen, von denen manche von Jugendlichen selbst und andere von Erwachsenen geleitet wurden. Das breite Spektrum und die Typenvielfalt der verschiedenen Jugendorganisationen macht es schwierig, genaue Unterschiede zwischen den einzelnen Gruppen zu bestimmen. Neben allgemeinen zionistischen und orthodoxen Gruppen gab es Vereinigungen für die religiös aktive liberale Jugend (*Jüdisch-liberaler Jugendverein*), für religiöse Zionisten (*Brit Hanoar schel Zeire Misrachi*), für sozialistische Zionisten (*Haschomer Hatzair*) und sogar offiziell neutrale jüdische Jugendgruppen, die im *Verband der Jüdischen Jugendvereine Deutschlands* zusammengeschlossen waren. Neben den zahlreichen jungen Juden in speziell jüdischen Jugendorganisationen gab es einige, die noch immer nicht-konfessionellen Organisationen angehörten. In der Regel handelte es sich dabei um linksgerichtete Vereinigungen, da die meisten »patriotischen« deutschen Jugendverbände Juden ausschlossen. In diesen politisch linken Gruppen wiederum begegneten junge Juden manchmal Schwierigkeiten, weil sich ihre Herkunft aus dem Bürgertum von der der meisten anderen Mitglieder unterschied, die aus der Arbeiterklasse stammten. Und unter jüdischen Gemeindevorstehern gab es durchaus manche, die angesichts von Jugendlichen, die sozialistischen oder kommunistischen Gruppen beitraten, Befürchtungen über »*die rote Assimilation*« zum Ausdruck brachten.

Neben den verschiedenen Jugendgruppen richteten viele Gemeinden besondere *Jugendgottesdienste* ein. Jugendmessen in christlichen Kirchen dienten dabei als Vorbild. Abgesehen davon lösten Jugendgottesdienste das Problem, dass jüdische Kinder am Samstagmorgen den Hauptgottesdienst zum Sabbat nicht besuchen konnten, weil an öffentlichen Schulen gleichzeitig Unterricht stattfand. Ein spezieller Jugendgottesdienst am Samstagnachmittag (oder am Freitagabend) erlaubte es, die Sabbatandacht zu verrichten, ohne in der Schule zu fehlen. Die Liturgien für diese Gottesdienste, die gleichwohl im allgemeinen Erwachsene erstellten, wurden mit Kürzungen und mehr deutschsprachigem Gesang für Jugendliche angepasst. 1925 gründete Rabbiner Max Gruenewald in Mannheim eine Jugendgemeinde, die sämtliche Aktivitäten der jüdischen Jugend in der Stadt koordinierte – ein Vorgehen, welches andere Gemeinden später nachahmten.

Mit jüdischen Jugendaktivitäten hatten auch die verschiedenen jüdischen Sportorganisationen zu tun. Die frühesten Sportvereine und *Turnerschaften* wurden gemeinhin von Zionisten ins Leben gerufen, von denen manch einer das Klischee vom körperlich schwachen jüdischen Mann durch den neuen Typ des »Muskeljuden« zu ersetzen suchte. Liberale jüdische Organisationen wie auch der nicht-konfessionelle *Verein zur Abwehr des Antisemitismus* lehnten hingegen jüdische Sportvereine als separatistisch ab und drängten Juden dazu, allgemeinen Sportvereinigungen beizutreten. Doch mit dem zunehmenden antisemitischen Ausschluss jüdischer Jugendlicher seit den 1920er Jahren begannen nichtzionistische Juden ihre ablehnende Haltung gegenüber eigenen jüdischen Vereinen noch einmal zu überdenken. Der *Reichsbund jüdischer Frontsoldaten* gründete 1924 mit *Der Schild* eine eigene Sportabteilung im Rahmen eines Programms für körperliche Fitness und Selbstverteidigungstraining für die jüdische Jugend. 1933 hatte diese Abteilung fast ebenso viele Mitglieder wie die zionistische Maccabi-Organisation. Eine Mehrheit der deutschen Juden aber beteiligte sich, solange dies möglich blieb, weiter in allgemeinen, nicht-konfessionellen Sportvereinen.

Ähnliches galt für den Bildungssektor: Die Großzahl deutscher Juden besuchte weiterhin Schulen unter nichtjüdischer Leitung. Mit dem Verschwinden der meisten der einstmals zahlreichen kleinen jüdischen Grundschulen auf dem Lande erreichte die Anzahl jüdischer Schulen in Deutschland in den 1920er Jahren ohnehin ein Allzeittief. Doch im gleichen Jahrzehnt begann sich in einer Reihe von städtischen Gemeinden ein Trend in die entgegengesetzte Richtung, zurück zu jüdischen Schulen abzuzeichnen. Zwischen 1913 und 1932 wurden in Stadtgemeinden neue Ganztagsschulen gegründet, die hauptsächlich unter orthodoxer Leitung standen und häufig von Kindern osteuropäischer Einwanderer besucht wurden. Zumeist handelte es sich dabei um Grundschulen, allerdings gab es in den 1920er Jahren auch zehn jüdische Gymnasien oder Realschulen. Nur das älteste davon, das Frankfurter Philanthropin, stand nicht unter orthodoxer Federführung. In der Weimarer Republik wurde das Angebot jüdischer Unterrichtsinhalte am Philanthropin zwar erheblich ausgeweitet, doch eigentlich widmeten alle jüdischen Gymnasien lediglich einen kleinen Teil der Schulzeit (üblicherweise fünf bis acht Stunden pro Woche) religiösen Themen. Die Mehrzahl liberaler Juden lehnte separate jüdische Schulen – von ihnen gelegentlich als »*Ghettosschulen*« bezeichnet – entschieden ab. Dies begann sich in den letzten Jahren der Weimarer Republik zu ändern. In Reaktion auf die zunehmend antisemitische Atmosphäre an öffentlichen Schulen nahm die Zahl der Einschreibungen an jüdischen Schulen schon in den späten 1920er und in den frühen 1930er Jahren merklich zu. 1932 besuchten in Deutschland mit schätzungsweise 13.000 Kindern etwas weniger als ein Drittel aller schulfähigen jüdischen Kinder jüdische Schulen.

Demographische Krise?

Wurde die Weimarer Republik von einigen als Periode einer jüdischen Renaissance angesehen, so war sie zur gleichen Zeit auch eine Periode anschwellender Sorge über die Abkehr von der jüdischen Gemeinschaft durch Konversion, Austritt und Mischehe. Gepaart mit einem drastischen Rückgang der jüdischen Geburtenrate und der Zahl innerjüdischer Eheschließungen in den späten 1920er Jahren rief dies düstere Vorhersagen über eine Krise der jüdischen Familie und für das jüdische Überleben hervor. Vor dem Hintergrund einer zunehmenden Säkularisierung der deutschen Gesellschaft, und angesichts der auch unter Juden wachsenden Tendenz, sich dem Heer der »Konfessionslosen« anzuschließen, ging die Bedrohung durch Übertritt zum Christentum zurück. Die Statistik über jüdische Konversionen zum Protestantismus weist – mit Ausnahme eines gewaltigen Sprungs im Jahr 1933 – einen Höchststand im letzten Jahrzehnt des 19. Jahrhunderts auf und dann bis in die frühen 1930er Jahre einen ziemlich deutlichen Rückgang.[15] Gleichzeitig nahm die Anzahl der Austritte aus der jüdischen Gemeinde – durch Weimarer Gesetze erleichtert – erheblich zu. Die Mehrzahl der in den 1920er Jahren aus der jüdischen Gemeinde ausgetretenen, blieb ohne jede Religionszugehörigkeit.

Bei den Mischehen war die Sachlage ein wenig komplizierter. Zwischen 1875 und 1912 hatte es bei Eheschließungen zwischen Juden und Christen einen allmählichen, aber stetigen quantitativen Zuwachs gegeben, während die Zahl der Hochzeiten von beiderseits jüdischen Partnern mehr oder weniger stabil geblieben war. In den ersten zwölf Jahren des 20. Jahrhunderts kamen etwa viermal so viele Mischehen mit Juden zustande wie in den 1870er Jahren. 1912 zum Beispiel schlossen 1130 jüdische Personen Mischehen, was in jenem Jahr 12,8 Prozent aller heiratenden Juden in Deutschland entsprach. Vom Ausbruch des Ersten Weltkriegs bis 1933 schwankten die jährlichen Zahlen von innerjüdischen und Mischehen heftig. Dabei war in absoluten Zahlen die Varianz bei beiderseitig jüdischen Eheschließungen größer als bei Mischehen, doch zeichnete sich ein genereller Trend hin zu einer höheren Mischehenrate ab. Während des Kriegs gab es einen jähen Rückgang der Anzahl rein jüdischer Heiraten mit dem Ergebnis, dass im Jahr 1915 die 1143 Juden bzw. Jüdinnen die eine Mischehe eingingen 32,7 Prozent aller jüdischen Eheschließenden bildeten. Zwischen 1919 und 1923 kam es zu einem kurzen jüdischen Heiratsboom mit einem kleineren Sprung in der Zahl der Mischehen. 1920 erreichte die absolute Zahl von Mischehen

15 Von einem jährlichen Durchschnitt von 459 in den Jahren 1896 bis 1900 sank die Nettoanzahl jüdischer Konversionen zum Protestantismus (Übertritte minus Eintritte) auf 383 in den Jahren 1906-1910, 244 (1921-1925) und 142 (1926-1930).

mit 2211 ein Allzeithoch, aber die Mischehenrate fiel wieder zurück auf den Stand von 1912. In der späteren Jahren der Weimarer Republik sank die Zahl innerjüdischer Hochzeiten rapide von 4833 im Jahr 1923 auf 2307 im Jahr 1932. (Vor dem Krieg hatte der jährliche Durchschnitt bei rund 4000 gelegen.) Unterdessen nahm die Anzahl der Mischehen viel langsamer ab (2008 oder 17,2 Prozent aller 1924 heiratenden Juden und 1378 oder 23 Prozent im Jahr 1932). In den meisten Jahren der Weimarer Republik betrug der Anteil von Mischehen, die zwischen einem jüdischen Mann und einer nichtjüdischen Frau geschlossen wurden, ungefähr 63 Prozent, doch 1933 lag dieser über 70 Prozent. Wenn, wie manche behaupten, in der Mehrzahl der Fälle die Wahl des Ehepartners vom Mann als dem aktiven Partner getroffen wurde, könnte dies andeuten, dass viele Juden das jüdische soziale Umfeld durch Heirat zu verlassen wünschten, aber nur verhältnismäßig wenige Nichtjuden Zugang zu diesem suchten.

Viele jüdische Soziologen fanden auch andere soziologische Daten zum jüdischen Familienleben der 1920er Jahre beunruhigend. Die jüdische Geburtenrate brach noch stärker ein als die Heiratsrate. 1924 wurden in Preußen 5221 Kinder in Familien mit beiderseits jüdischen Ehepartnern geboren. Bis 1932 fiel diese Zahl auf 2096, während die Anzahl der jüdischen Todesfälle 5677 betrug. Mit einer Zahl der Verstorbenen die die der Geburten bei weitem übertraf begannen viele jüdische Beobachter (selbst jene, die anfangs Ruppins and Theilhabers düstere Prognosen aus dem Jahr 1911 verworfen hatten), sich Sorgen um das Überleben der deutschen Juden zu machen. Der ansonsten nüchterne Demograph Heinrich Silbergleit schrieb 1930: »*Das alles ist nicht mehr krisenhaft, das ist [ein] vollständiger Zusammenbruch der jüdischen Bevölkerung von innen heraus!*«[16]

Einige jüdische Autoren fürchteten, dass einst als vorbildlich geltende jüdische Familienleben werde den moralischen Gefahren des Großstadtlebens erliegen. Abgesehen von der Besorgnis

16 Heinrich Silbergleit, Die Bevölkerungs- und Berufsverhältnisse der Juden im Deutschen Reich, Bd. 1: Freistaat Preußen, Berlin 1930, S. 38.

über zunehmende Scheidungsraten und außereheliche Geburten widmeten sie dem Problem der vernachlässigten oder *verwahrlosten* jüdischen Jugend beträchtliche Aufmerksamkeit. Diese Sorgen über die Zukunft der Familie entsprachen ähnlichen, in ganz Deutschland der 1920er und frühen 1930er Jahre weit verbreiteten Bedenken; verstärkt wurden sie jedoch durch Sorgen um das Überleben und die Eigenart der Juden. Eine Historikerin hat in diesem Zusammenhang auf Folgendes hingewiesen: »Die Familie stellte für Juden eines der letzten Merkmale jüdischer Differenz innerhalb der Gesamtgesellschaft dar, einen der letzten verbliebenen Bereiche jüdischer Unverwechselbarkeit als Gruppe. Für Juden, die ihre Bindung an das Judentum als einem religiösen System aufgegeben hatten, war die Familie zum stolzen Bannerträger jüdisch-ethnischer Werte geworden.«[17] (Übersetzung G. A.) Die Familie galt als Schlüssel für das Überleben der Juden (oder dessen Scheitern). Dies mag erklären, warum derart viele jüdische Autoren nach Möglichkeiten gesucht haben, die angenommenen Werte jüdischen Familienlebens zu bewahren, und warum sie über den Wandel der sozialen Realitäten so beunruhigt waren.

---

17 Sharon Gillerman, The Crisis of the Jewish Family in Weimar Germany. Social Conditions and Cultural Representations, in: Michael Brenner / Derek J. Penslar (Hg.): In Search of Jewish Community. Jewish Identities in Germany and Austria 1918-1933, Bloomington: Indiana University Press, 1998, S. 179.

Die Auswirkungen der NS-Herrschaft auf die jüdische Religion und Identität in Deutschland

Mehr noch als die vorausgegangene Periode zeitigten die frühen Jahre der NS-Herrschaft (1933-1938) widersprüchliche Auswirkungen auf das jüdische Selbstbild. Juden erlebten ein plötzliches Anwachsen eines jüdischen Identitätsbewusstseins und der Anteilnahme, aber ebenso auch einen massiven Angriff auf ihr Selbstwertgefühl. Zum Gefühl von religiöser Wiedergeburt gesellte sich der Eindruck von einer zunehmend erschwerten Ausübung der jüdischen Religion und einer Ernüchterung der Glaubensüberzeugung. In den ersten Monaten nach Hitlers Machtübernahme waren Empfindungen der Neubelebung, sowie von Trotz und Stolz besonders stark, doch im Lauf der Zeit begannen diese zu verblassen.

Die Behandlung der Juden war in den frühen Jahren der NS-Herrschaft des Öfteren verwirrend, widersprüchlich und zudem dezentral organisiert. Die Staatsmacht benötigte geraume Zeit, um ihre Judenpolitik zu systematisieren. Jüdische Reaktionen auf die »Machtergreifung« der Nationalsozialisten fielen sehr unterschiedlich aus, ebenso wie die Auffassungen über eine angemessene Umgangsweise mit dem neuen Regime. Offener Widerspruch – soviel stand fest – war gefährlich; weitgehende Uneinigkeit herrschte aber bei der Frage, inwieweit mit dem Regime zusammengearbeitet werden könne, um unliebsame Auswirkungen für die jüdische Bevölkerung zu minimieren. Unter den kleinen Gruppen deutschnationaler und politisch konservativer deutscher Juden gab es jene, die darauf hofften, dass die Nationalsozialisten ihre Mitwirkung an der neuen »nationalen Wiedergeburt« akzeptieren würden. Max Naumanns *Verband Nationaldeutscher Juden* wagte sich am weitesten vor mit der Ansicht, nicht-eingewanderte Juden mit deutschem Nationalgefühl könnten in die deutsche Nation aufgenommen werden. Hans-Joachim Schoeps' (1909-1980) *Deutscher Vortrupp, Gefolgschaft deutscher Juden* argumentierte ebenfalls, es sei ein Unterschied zwischen deutschen und »undeutschen« Juden zu machen; allerdings betonte Schoeps jüdisch-religiöse Werte in einer Weise, wie Naumann dies nie getan hätte. Dahingegen hatte sich der erheblich größere *Reichsbund jüdischer Frontsoldaten*, obwohl er ebenfalls Wert auf den Patriotismus deutscher Juden legte, bereits während der Weimarer Republik auch mit körperlichem Einsatz an der Verteidigung jüdischer Institutionen und Personen beteilig und das neue Regime niemals ausdrücklich gelobt. Aber selbst Organisationen, die schon immer in Opposition zu den Nationalsozialisten gestanden hatten, nutzten ab und zu aus taktischen Gründen sprachliche Formulierungen, um Einzelaspekte am neuen Regime zu loben – vor allem bei Versuchen, Härten der antisemitischen Politik zu mildern. Mithin wurde in manch einer orthodoxen Schrift Befriedigung über die Beschränkung der Mischehe sowie über die Niederlagen des assimilatorischen Liberalismus und des Kommunismus geäußert. Zionisten erklärten ihrerseits zuweilen, mit der Betonung einer grundlegenden Differenz zwischen Deutschen und Juden übereinzustimmen und zu hoffen, dass das nationalsozialistische Deutschland die Juden als eigene, nicht aber minderwertige Nationalität behandeln möge. All diese Aussagen scheinbaren Einvernehmens mit dem Regime sind im Nachhinein scharf kritisiert worden – manchmal auch in unfairer Weise, da ohne Verständnis für die taktische Motivation und die nur begrenzt vorhandenen Optionen der deutschen Juden. Die Nationalsozialisten jedenfalls wiesen ohnehin alle jüdischen Kooperationsangebote zurück. Und wenn sie in den frühen Jahren ihrer Herrschaft dennoch zwischen verschiedenen Gruppen von Juden Unterschiede gemacht haben, dann geschah dies ebenfalls nur aus rein taktischen Gründen. Besonders eilig hatten es die Nationalsozialisten damit, jüdische Bewegungen zu verbieten, die ihr Deutschtum und ihren Patriotismus beschworen, während sie anfänglich noch solche Bewegungen wie die Zionisten bevorzugten, die eine jüdische Differenz hervorhoben und zur Emigration aufforderten.

Mit der Zeit schien der nationalsozialistische Angriff auf die Errungenschaften der jüdischen Emanzipation zionistische Behauptungen zu bestätigen, wonach Juden ein fremdes und unerwünschtes Volk seien, und liberale Argumente bezüglich einer Vereinbarkeit von Deutschtum und Judentum zu schwächen. Die Zionisten – vor 1933 deutlich in der Minderheit – begannen in den Gemeinden relativ an Stärke zuzulegen (wenngleich Gemeindewahlen, wenn überhaupt, nur sehr selten abgehalten wurden) und ihre Zeitung, die *Jüdische Rundschau* (JR), gewann an Leserschaft und Prestige hinzu. Der von Robert Weltsch in Reaktion auf den Boykott vom 1. April 1933 verfasste JR-Leitartikel, »*Tragt ihn mit Stolz, den gelben Fleck*«, rüttelte viele deutsche Juden auf und trug dazu bei, ihr Selbstwertgefühl zu bewahren. Weltsch und andere riefen die deutschen Juden dazu auf, sich am »*Ja-Sagen zum Judentum*« zu beteiligen. Viele Berichte zeugen von einem Anstieg der Besucherzahlen in Synagogengottesdiensten, insbesondere an den Pessach-Feiertagen unmittelbar nach dem April-Boykott. Gottesdienste, in denen Joachim Prinz (1902-1988) sprach, der junge, charismatische Rabbiner im *Friedenstempel* von Westberlin, zogen solche Menschenmengen an, dass im Tempel nicht alle Platz finden konnten. In seinem Buch *Wir Juden* (1934) brachte Prinz eine romantische, emotionale Bindung an ein im Wesentlichen eigenständiges jüdisches Volk zum Ausdruck, und er kritisierte den gesamten Prozess der Integration der Juden als tragischen Irrtum. Das Buch wurde von vielen deutschen Juden begeistert aufgenommen. Schoeps' Versuch einer Entgegnung unter dem Titel *Wir deutsche Juden* war beim jüdischen Publikum hingegen weniger erfolgreich.

Laut offizieller NS-Doktrin galt es, Juden nicht wegen ihrer Religion, sondern als Rasse abzulehnen. Anfangs genossen deren religiöse Institutionen sogar ein gewisses Maß an Schutz, obwohl die jüdische Religion in der Presse häufig herabgewürdigt wurde. Die Erlaubnis, Synagogen weiterhin offen halten und religiöse Zeremonien abhalten zu können (wenngleich dabei häufig Gestapobeamte anwesend waren, um Predigtinhalte zu überwachen), nutzte das NS-Regime für eine positive Außendarstellung im Ausland wie auch gegenüber vielen religiösen Deutschen. Als es für Juden schwieriger wurde, andere Räumlichkeiten zu finden, wurden Synagogen immer öfter auch für Gemeindeversammlungen und kulturelle Veranstaltungen genutzt. Vor allem in kleineren Orten waren »Einzelaktionen« nicht ungewöhnlich, bei denen Synagogen mutwillig verwüstet, deren Fenster zerschlagen sowie manchmal Juden in der Synagoge oder auf ihrem Weg dorthin angegriffen wurden. Gleichwohl war dies in den ersten Jahren der NS-Herrschaft nicht Bestandteil offizieller Politik.

Die große Ausnahme bei der anfänglichen Tolerierung jüdisch-religiöser Bräuche war das koschere Schlachten (Schächten), das sogleich im Frühjahr 1933 untersagt wurde – angeblich um Tiere vor den »barbarischen und grausamen« jüdischen Ritualen zu schützen. Das Verbot machte es zunehmend schwierig, koscheres Fleisch zu bekommen, obschon dessen Import ursprünglich genehmigt worden war. Allerdings klammerten die vom Völkerbund in Oberschlesien garantierten Minderheitenrechte diese Region bis 1937 vom Bann über koscheres Schlachten aus. Als es immer beschwerlicher wurde, koscheres Fleisch zu beschaffen, verzichteten viele fromme Juden bei der Ernährung gänzlich auf Fleisch; andere wiederum kauften zwar unkoscher geschlachtetes Fleisch, behielten andere Speisegesetze aber bei (was umgangssprachlich als »neu-koscher« bezeichnet wurde).

Die öffentliche Ausübung jüdischer Religionsbräuche außerhalb von Heim oder Synagoge wurde vielfach beeinträchtigt; verantwortlich dafür war ein Zusammenspiel aus Angst, Verboten lokaler Behörden und antisemitischer Feindseligkeit von Einzelnen oder Gruppen. Besonders in Kleinstädten kam es dabei unter anderem zur Zerstörung von im Hof aufgestellten Laubhütten (pl. Sukkot), zu Störungen von Beerdigungen durch steinewerfende Kinder oder auch zur Demontage der Sabbatschranke (Eruv), die Orthodoxen am Sabbat das Tragen von Gegenständen ermöglichte, sowie zu zahlreichen anderen Formen der Belästigung.

Die nationalsozialistische Machtübernahme veranlasste die Mehrzahl jüdischer Gruppen, sich in der *Reichsvertretung der deutschen Juden* zusammenzuschließen. Austrittsorthodoxe Organisationen bemühten sich einstweilen, davon fern zu bleiben, um ihre Eigeninteressen in Bildungs- und anderen Angelegenheiten zu wahren. Für mehrere Jahre gelang dies auch, doch schließlich wurden sie staatlicherseits gezwungen, ihren Eigenidentität der jüdischen Gesamtgemeinschaft unterzuordnen: Im April 1939 wurde auch die altehrwürdige, ursprünglich von Samson Raphael Hirsch geleitete, austrittsorthodoxe *Israelitische Religionsgesellschaft* in Frankfurt nach 88 Jahren der Unabhängigkeit mit der *Israelitischen Religionsgemeinde* zwangsvereinigt.

Die NS-Regierungspolitik der Anfangsjahre erlaubte es im Allgemeinen und beförderte es sogar, ein gesondertes jüdisches kulturelles, institutionelles und religiöses Leben aufrechtzuerhalten. Die Absicht bestand darin, Juden von der übrigen Bevölkerung abzusondern und die Auswanderung zu fördern. Häufig blickten NS-Beamte wohlwollender auf solche jüdischen Vereinigungen und Wortführer (insbesondere Zionisten), die zur Emigration und zur Ausbildung eines eigenständigen jüdischen Kulturlebens ermunterten. Zugleich gingen sie oftmals rigoroser gegen so genannte »assimilatorische« Organisationen und Wortführer vor, die Juden dazu ermutigten, in Deutschland zu bleiben und ihre Verbundenheit mit der deutschen Kultur nicht aufzugeben. Seit Mitte der 1930er Jahre etwa schränkte das Regime in fortschreitendem Maße die Zulassung ein, vor einem jüdischem Publikum Musik- oder Theaterstücke aufzuführen, die »arische« (insbesondere deutsche) Künstler geschaffen hatten. Außerdem wurden jüdische Organisationen gezwungen, ihre Gemeinschaft als »*Juden in Deutschland*«, statt als »*Deutsche Juden*« zu bezeichnen.

Im Mai 1933 hatte die Regierung die Gründung des *Kulturbunds deutscher Juden* (später: *Jüdischer Kulturbund*) genehmigt und ihm erlaubt, kulturelle Darbietungen vor ausschließlich jüdischem Publikum zu präsentieren. Beim *Kulturbund* fanden viele Musiker, Schauspieler und anderen darstellende Künstler Arbeit, nachdem sie wegen ihrer jüdischen Herkunft aus ihren früheren Stellungen verdrängt worden waren. Über die Ausgestaltung der zu präsentierenden Programme gab es innerhalb des *Kulturbunds* viele Diskussionen. Manche, vor allem Zionisten, favorisierten es, einen Schwerpunkt auf solche literarischen, künstlerischen und musikalischen Darbietungen zu legen, die jüdische Inhalte hatten und zudem von Juden (sowohl von deutschen als auch von Juden aus anderen Ländern) geschaffen sein sollten. Dies schloss aus dem Jiddischen und Hebräischen übersetzte Werke ein. Viele liberale deutsche Juden lehnten eine solche Beschränkung auf jüdische Themen als Zeichen einer Ghettoisierung und als Verzicht auf die wertvollsten Errungenschaften der deutschen und internationalen Kultur ab. Ohnehin war das Publikum des *Kulturbunds* bei leichter Unterhaltung oder bei Aufführungen deutscher oder internationaler Werke weit größer, als bei denen mit jüdischen Inhalten. Ironischerweise wurde Juden anfangs oft erlaubt, auf Werke der »liberalen« deutschen Kultur zurückzugreifen, die vor »arischem« Publikum nicht mehr aufgeführt werden durften.

Vom Judentum entfremdete Juden zeigten zumindest anfänglich großes Interesse dafür, mehr über das Judentum zu erfahren. Erwachsenenbildungsprogramme wurden ausgeweitet und auch das Frankfurter *Lehrhaus* öffnete im November 1933 unter Leitung von Martin Buber wieder. Buber stand zudem der 1934 von der *Reichsvertretung der deutschen Juden* geschaffenen *Mittelstelle für jüdische Erwachsenenbildung* vor. Diese organisierte Vorträge und Kurse zu jüdischen Themen und versuchte, Lehrern an jüdischen Schulen (von denen viele aus öffentlichen Schulen vertrieben worden waren) Grundkenntnisse der jüdischen Texte (vor allem der Bibel) sowie der jüdischen Geschichte, Religion und Kultur zu vermitteln. Außerdem bot die *Mittelstelle* immer mehr praxisnahe Kurse an, wie zum Beispiel Englisch- und Spanischunterricht, um Juden bei der Vorbereitung der Auswanderung zu helfen. Dabei wurden als eine der Methoden auch *Lernzeiten* eingesetzt, wobei Teilnehmende sich für mehrere Tage zum Lernen an einem Ort auf dem Lande trafen. Buber verfolgte den Plan, nicht nur Wissen zu vermitteln, sondern den Teilnehmenden zu einer engeren Verbundenheit mit der jüdischen Kultur zu verhelfen.

Das gewachsene Interesse am Wissen über das Judentum ließ sich auch an Entwicklungen auf dem Buchmarkt ablesen. Der 1931 vom Kaufhaus-Magnaten Salman Schocken (1877-1959) gegründete Schocken Verlag begann im November 1933 mit der Herausgabe seiner preiswerten Reihe *Schocken Bücherei* (nach dem Vorbild der *Insel Bücherei*). Geplant waren monatlich zwei Bände zu jüdischen Themen, schließlich erschienen zwischen 1933 und 1938 insgesamt 83. Die Bücher der Reihe enthielten Gedichte, Romane, Stücke sowie religiöse, philosophische und historische Werke, die allesamt für ein breites Publikum gedacht waren. Meist kamen die einzelnen Bände in Auflagen von 3000 bis 5000 Exemplaren auf den Markt; von elf Bänden wurde auch eine zweite oder dritte Auflage gedruckt. Schocken war zwischen 1933 und 1938 das populärste jüdische Verlagshaus in Deutschland – aber nicht das einzige: Insgesamt existierte in jener Zeit in Deutschland eine bemerkenswerte Nachfrage nach jüdischen Büchern.

Die Ausübung der jüdischen Religion, insbesondere der Besuch der Synagogengottesdienste, kann als Form kulturellen Widerstands gegen das NS-Regime begriffen werden. Juden versammelten sich in wachsender Zahl in den Synagogen, um zu beten, um mit anderen Juden beisammen zu sein und um Worte des Trosts und der Ermutigung zu hören. Trotz Anwesenheit polizeilicher Beobachter gelang es manchen Rabbinern – zumindest in den frühen Jahren –, eindeutig oppositionelle Botschaften zu vermitteln. Eine der hierbei angewandten Vorgehensweisen wurde gelegentlich als *»der neue Midrasch«* (*homiletische Bibeldeutung*) bezeichnet: Indem der Rabbiner vorgeblich über Römer, Babylonier oder andere antike Verfolger sprach, konnte er unausgesprochen, »zwischen den Zeilen« Signale des Widerstands setzen. Polizeispitzel konnten die Anspielung häufig nicht verstehen, die Gemeinde aber schon. Manchmal allerdings führten solche Predigten zur Festnahme und zeitweiligen Inhaftierung des Rabbiners. Am Purim-Fest wurde die Lesung aus dem Buch Esther, in der von der beabsichtigten Ausrottung der Juden durch Haman im antiken Persien die Rede ist, stillschweigend als Verweis auf

Hitler und seine Gefolgsleute reinterpretiert. Und das Chanukka-Fest (zum Gedenken an den Aufstand der Makkabäer gegen die hellenisierten Machthaber) oder auch Pessach (zum Gedenken an die Befreiung aus Ägypten) erfreuten sich ebenfalls wachsender Popularität wegen ihrer impliziten Botschaften von Befreiung und Widerstand.

Im Jahr 1935 stellte die *Reichsvertretung* ein Gebet für den Jom Kippur-Gottesdienst zusammen, welches allerdings – noch bevor es verlesen werden konnte – von der Gestapo verboten wurde. Der Text liefert ein gutes Beispiel für spirituellen Widerstand: »*Wir stehen vor unserem Gotte. Mit derselben Kraft, mit der wir unsere Sünden bekannt, die Sünden des Einzelnen und die der Gesamtheit, sprechen wir es mit dem Gefühl des Abscheus aus, daß wir die Lüge, die sich gegen uns wendet, die Verleumdung, die sich gegen unsere Religion und ihre Zeugnisse kehrt, tief unter unseren Füßen sehen. Wir bekennen uns zu unserem Glauben und zu unserer Zukunft.*«

Dieses Gebet war der Versuch einer Antwort auf die weit verbreitete Verunglimpfung der jüdischen Religion durch die NS-Propaganda, besonders durch den berüchtigten, von Julius Streicher publizierten *Stürmer*. 1934 brachte dieser eine reißerische »Enthüllungsgeschichte« über jüdischen »Ritualmord«, und er druckte zahllose Attacken auf den Talmud, das Alte Testament sowie generell auf den jüdischen Glauben und die religiösen Bräuche. Der *Stürmer* konnte an viele volkstümliche (und vor allem auf dem Lande verbreitete) Überzeugungen über den seltsamen und »*unheimlichen*« jüdischen Glauben und seine Praktiken anknüpfen und diese verstärken.

Juden, die zum Christentum übergetreten waren, litten in mancherlei Hinsicht noch stärker unter Isolation und Identitätswirren als die in der jüdischen Gemeinde Verbliebenen. Ihre »rassisch halbjüdischen« Kinder waren sich oftmals ihres jüdischen Hintergrunds kaum bewusst und wurden nun durch staatliche Diskriminierung und allgegenwärtige Feindseligkeit damit konfrontiert. Bei der Volkszählung von 1939 betrug der Anteil »rassisch jüdischer« Christen an der Gesamtzahl »rassischer Volljuden« in Großdeutschland etwa 7,3 Prozent. Weitere 2,7 Prozent der »rassischen Volljuden« gehörten keiner Religion an. Die Zahl der »rassisch halbjüdischen« Einwohner, die nicht Mitglied der jüdischen Gemeinde waren, war mit rund 19,5 Prozent ebenso groß wie die Zahl aller »rassischen Volljuden« ohne jüdische Gemeindemitgliedschaft. Diese Zahlen waren weitaus geringer, als die Nationalsozialisten sich dies vorgestellt hatten. Die meisten der antijüdischen Gesetze galten für »Christen jüdischer Rasse« vollkommen und für »Halbjuden« zum Teil. Es wurden Schritte unternommen, »rassische Juden« von kirchlichen Gottesdiensten auszuschließen oder sie dort zumindest zu separieren sowie Pastoren und Priester »nichtarischer« Herkunft zu entlassen. Schließlich wurden zahlreiche Kinder konvertierter Juden aus öffentlichen Schulen vertrieben und gezwungen, jüdische Schulen zu besuchen.

Viele konvertierte Juden und deren Kinder lehnten jede Identifikation mit dem Judentum ab und wollten weder Teil des jüdischen Lebens noch der jüdischen Kultur sein. Es ärgerte sie, zwangsweise als Juden identifiziert zu werden, und sie beharrten auf ihrer christliche Identität. Hin und wieder blickten sie jedoch auch mit Neid auf das institutionelle Netzwerk und die internationale Solidarität der »Glaubensjuden«. Die meisten konvertierten Juden versuchten, so wenig wie möglich aufzufallen; einige aber traten (neben denen mit einer teilweise jüdischen Herkunft) dem *Paulus-Bund, Vereinigung nichtarischer Christen* bei, um gemeinsame Interessen zu vertreten. Der *Paulus-Bund* versuchte, sich für die rechtliche Stellung seiner Mitglieder einzusetzen, arrangierte (deutsche) Kulturprogramme und sorgte sogar für gesellschaftliche Anlässe, bei denen junge »nichtarische« Christen und »Halbjuden« zusammenkommen und nach Heiratspartnern Ausschau halten konnten. Staatliche Restriktionen führten 1937 zunächst zum Ausschluss aller »Volljuden« und 1939 dann zur Auflösung des Bundes. Obschon die meisten »nichtarischen« Christen kein Interesse an einer Bindung zum Judentum hatten, konvertierten dennoch einige wenige während der NS-Zeit oder nach dem Zweiten Weltkrieg zurück. (Einer der berühmtesten dieser »Rückkehrer« war Arnold Schoenberg, der 1933 in Paris zum Judentum rekonvertierte).

1938 rückten die Nationalsozialisten von ihrer Politik ab, das religiöse Leben der Juden verhältnismäßig unberührt zu lassen. Im März des Jahres entzog die Regierung den jüdischen Synagogengemeinden den Status von Körperschaften des öffentlichen Rechts und stufte sie herab zu *eingetragenen Vereinen*. Schon vor den schweren Pogromen vom November 1938 waren auf staatliche Anordnung in München, Nürnberg und Dortmund größere Synagogen demoliert worden. Bei den Pogromen der »*Kristallnacht*« wurden dann weit über eintausend Synagogen und Gebetshallen zerstört; manche wurden niedergebrannt oder gesprengt, andere aus Furcht, das Feuer könne auf benachbarte Gebäude überspringen, »nur« im Innern verwüstet. Nur wenige jüdische Gotteshäuser blieben unversehrt – hauptsächlich deshalb, weil den Randalierern deren Existenz aus irgendeinem Grund nicht bewusst war.

Die Pogrome wurden begleitet von einer systematischen Entweihung sakraler Gegenstände, wie Thorarollen und Gebetbüchern. An manchen Orten zwangen die »Demonstranten« Juden dazu, beim Verbrennen oder Zerstören von Thorarollen mitzumachen. Religiöse Empfindungen der Juden wurden verspottet. Ein bekanntes Beispiel ereignete sich in Baden-Baden, wo Juden unter Zwang mit einem Schild marschieren mussten, dass die Aufschrift trug: »*Gott verläßt uns nicht*«. Anschließend hatten sie barhäuptig in der Synagoge zu sitzen, während ihre Oberhäupter gezwungen wurden, aus *Mein Kampf* vorzulesen.

Nach der ungeheuerlichen Zerstörung war es den Juden verboten, Synagogen wieder aufzubauen. Viele wurden dem Erdboden gleich gemacht, und die jüdischen Gemeinden hatten obendrein die Abbruchkosten zu tragen. Nach einem gewissen Zeitraum (ein paar Wochen bis hin zu mehreren Monaten) wurden vielerorts öffentliche jüdische Andachten wieder zugelassen, entweder in den wenigen, nach der Verwüstung reparierten Synagogen und Gebetshallen oder in anderen Gebäuden, die der jüdischen Gemeinde oder Privatleuten gehörten. Danach wurden Gebetsstunden generell erlaubt, unterlagen allerdings verschiedenen Einschränkungen aufgrund von nächtlichen Ausgangssperren,

Beschlagnahmungen von Gotteshäusern und lokalpolizeilichen Bestimmungen. Einige Synagogen wurden bis zur großen Deportationswelle von 1942 – in manchen Fällen sogar noch darüber hinaus – zur Andacht weiterverwendet. Sogar nach 1943 fanden einige jüdische Gottesdienste (legal oder illegal) in Krankenhäusern, auf Friedhöfen oder an versteckten Orten statt. Zudem waren im Ghetto von Theresienstadt öffentliche Gottesdienste in behelfsmäßigen Unterkünften erlaubt. Auch unter anderen Gesichtspunkten wurde der Religionsalltag der Juden immer beschwerlicher, doch selbst nach Ausbruch des Zweiten Weltkriegs waren religiöse Artikel wie Matze für Pessach immer noch, wenn auch begrenzt, im Angebot.

Nach Kriegsausbruch griffen Beamte häufig zu Maßnahmen, die ganz bewusst darauf abzielten, religiöse Gefühle der Juden zu verletzen. In Breslau zum Beispiel wurde Juden 1939 befohlen, ausgerechnet an Jom Kippur, dem heiligsten Tag des Jahres, persönlich ihre (schweren) Radios abzuliefern, wobei sie beleidigt und beschimpft wurden. Deportationen wurden häufig absichtlich an jüdischen Feiertagen angesetzt, und gelegentlich nutzte man Synagogengebäude als Transitlager, um Juden vor der Abschiebung in den Tod in den Vernichtungslagern im Osten zu sammeln. Oft wurden jüdische Friedhöfe geschändet, die Grabsteine als Baumaterial verwendet und das Gelände in Parks verwandelt oder für industrielle Zwecke genutzt.

Wie sich die NS-Verfolgung – insbesondere zur Zeit des Geschehens selbst – auf die religiösen Überzeugungen einzelner deutscher Juden ausgewirkt hat, ist relativ schlecht dokumentiert. Nach dem Krieg zeigte sich bei den Überlebenden eine breites Spektrum an Reaktionen; dies reichte von gestärktem Glauben an Gott als dem Retter bis hin zur Wut auf Gott oder den Verlust des Glaubens an seine Existenz. Die Ungeheuerlichkeit der Shoa lastete in der Nachkriegszeit schwer auf jüdischen wie auch auf christlichen Religionsphilosophen; die meisten bedurften einer Reihe von Jahren, bevor sie den Versuch wagten, ihre Reaktionen zu ordnen. Unter den deutschen Juden, die auf die Katastrophe reagierten, war Emil Fackenheim (1916-2003). Er formulierte in den späten 1960er Jahren (in Ergänzung zu den traditionellen 613 religiösen Geboten) das 614. Gebot, welches verlangte, jüdische Bräuche und Werte weiterhin zu bewahren und somit »Hitler nicht posthum zum Sieg zu verhelfen«. Leo Baeck legte einen stärkeren Akzent auf die mysteriöse Natur jüdischen Überlebens und beurteilte den Holocaust eher als Versagen menschlicher Ethik, denn als Versagen Gottes. Martin Bubers Nachkriegsidee von einer *Gottesfinsternis*, obschon eher als allgemeine Stellungnahme zur Verborgenheit Gottes in der modernen Welt gefasst, war ebenso eine Antwort auf die Frage: »Wo war Gott?« Noch viele andere jüdische Denker aus Deutschland entwickelten in den Nachkriegsjahren theologische und philosophische Reaktionen auf die Shoa. Ihre Bemühungen, diese intellektuell in den Griff zu bekommen, führten jedoch nur selten zu einem Konsens. Diese Versuche, sich der theologischen Herausforderung durch den Holocaust zu stellen, können als Epilog auf die lange Tradition deutsch-jüdischer Reaktionen auf die Moderne und auf die nichtjüdische Welt betrachtet werden. Fast alle der Denker veröffentlichten ihre Ideen, nachdem sie Deutschland verlassen hatten. Die Probleme, vor denen Juden standen, die nach dem Zweiten Weltkrieg in Deutschland geblieben oder dorthin gezogen waren, waren von diesen theologischen Fragen weit entfernt.

Das deutsche Judentum seit dem Zweiten Weltkrieg

Als das NS-Regime im Mai 1945 geschlagen war, hatte in Deutschland selbst nur ein kleiner Teil der jüdischen Bevölkerung überlebt. Vielen erschien es, als habe sich Leo Baecks Prophezeiung aus dem Jahr 1933 erfüllt: »*Die tausendjährige Geschichte des deutschen Judentums ist zu Ende*«. Und dennoch begann sich auf deutschem Boden wieder eine heterogene jüdische Bevölkerung zusammenzufinden. Zunächst einmal waren dies jene, die in Verstecken überlebt hatten oder der Deportation entgehen konnten, weil sie in Mischehen mit »deutschen Ariern« lebten. Diese verhältnismäßig geringe Zahl von Juden ging nach Kriegsende recht schnell daran, jüdische Gemeinden zu bilden. Eine weit größere und ganz andere Bevölkerungsgruppe von mehrheitlich osteuropäischer Herkunft bildeten die Überlebenden der Konzentrationslager, die in Deutschland – oft nach sehr langen »Todesmärschen« – befreit worden waren. Sie bezeichneten sich selbst gewöhnlich als »Sche'erit Hapleta« (der überlebende Rest). Die Zahl dieser jüdischen »Displaced Persons« (DPs) wuchs in den unmittelbaren Nachkriegsjahren schnell von etwa 40.000 im Jahr 1945 auf 182.000 im Sommer 1947. Auf ihrem Weg nach Israel (seinerzeit noch Palästina) oder Übersee, wo sie sich endgültig niederlassen wollten, gelangten zehntausende Juden auf der Flucht vor Antisemitismus und Hoffnungslosigkeit in Osteuropa nach Deutschland. Für die meisten DPs galt dies jedoch als ein mit jüdischem Blut getränktes Land, weshalb sie versuchten, so schnell wie möglich fortzukommen, um andernorts ein neues Leben zu beginnen. Zwischen den überwiegend assimilierten deutschen Juden in den jüdischen Gemeinden und den in Überlebendenkomitees organisierten, stärker ethnisch geprägten jüdischen DPs bestand oft eine tiefe Kluft. Eine dritte Gruppe von Juden bildeten im Nachkriegsdeutschland die aus Israel, Lateinamerika und anderen Ländern in ihr ehemaliges Heimatland Zurückgekehrten. Die Mehrzahl von ihnen war in recht fortgeschrittenem Alter, und viele kamen in den 1950er Jahren zurück. Aus den Vereinigten Staaten gingen indes – abgesehen von einigen Angehörigen der intellektuellen Elite – nur verhältnismäßig wenige Juden zurück. Eine ganze Reihe linksgerichteter Intellektueller und ehemaliger Funktionsträger fasste den Entschluss, sich in der sowjetischen Besatzungszone (der späteren DDR) niederzulassen. Um wieder dort zu leben, kehrte allerdings überhaupt nur ein kleiner Teil der einst emigrierten deutschen Juden nach Deutschland zurück.

Die DPs, die in den ersten Nachkriegsjahren einen Großteil der jüdischen Bevölkerung in Deutschland ausmachten, lebten hauptsächlich in der amerikanischen Besatzungszone, vor allem in Bayern. Bis etwa 1950 waren die meisten von ihnen in speziellen DP-Lagern untergebracht, und zwar auf eigenen Wunsch getrennt von nichtjüdischen DPs, von denen viele antisemitisch eingestellt waren und einige in ihren Heimatländern mit den NS-Besatzern kollaboriert hatten. In den jüdischen DP-Lagern schufen die Bewohner schnell ein blühendes kulturelles und religiöses Umfeld mit eigenen Zeitungen, zionistischen und anderen politischen Bewegungen, Schulen und Theatern (mit Aufführungen hauptsächlich in jiddischer Sprache). Die Heirats- und Geburtenraten waren unter den Überlebenden sehr hoch – ein Indiz für den dringlichen Wunsch, sich ein neues Leben aufzubauen. Gegenüber der ortsansässigen deutschen Bevölkerung empfanden die DPs ein Gefühl der Fremdheit, und fast alle äußerten den Wunsch, Deutschland sobald als möglich zu verlassen. Regelmäßig fanden jüdische Demonstrationen statt, entweder um für Juden freien Zugang nach Palästina zu fordern oder auch um gegen verschiedene Vorfälle schlechter Behandlung durch lokale Behörden oder Anwohner zu protestieren.

Zwar waren die meisten DPs in einem traditionell-religiösen Zuhause aufgezogen worden, doch im Holocaust hatten etliche ihren Glauben verloren, oder sie waren bereits vor dem Krieg weltlich-zionistischen oder sozialistischen Gruppen beigetreten. Die Sabbat- oder Speisegesetze wurden von vielen DPs nicht mehr beachtet, aber beinahe alle der religiös Praktizierenden folgten den orthodoxen Ritualmustern, wie sie in Ungarn, Polen oder anderen osteuropäischen Ländern üblich gewesen waren. (Nur sehr wenige befolgten oder kannten überhaupt die spezifisch deutsch-jüdischen Ritualtraditionen.) Die religiöse Minderheit richtete koschere Küchen, Gebetshäuser, Jeschiwot für das Talmudstudium sowie Ritualbäder ein und veröffentlichte religiöse Schriften. Religiöse Amtsträger vollzogen Trauungen, Beschneidungen und Bestattungen. Oft wurde die Verrichtung religiöser Zeremonien und Handlungen als ein symbolischer Sieg über die Nationalsozialisten aufgefasst. So war die 1948 für Überlebende publizierte Talmudausgabe von der US-Armee finanziell ermöglicht und auf einer Druckerpresse hergestellt worden, die ehemals der NS-Propaganda gedient hatte. Auf der Titelseite befand sich die Abbildung eines NS-Arbeitslagers mit Stacheldraht. Pessach-Haggadot wurden in der unmittelbaren Nachkriegszeit in unterschiedlichen Varianten veröffentlicht, darunter Exemplare mit ausschließlich traditionellen Texten bis hin zu solchen, die viele unmittelbare Bezugnahmen auf die jüngste Verfolgung sowie Vergleiche zwischen dieser und der Versklavung im antiken Ägypten enthielten.

Die überwiegende Mehrzahl der Überlebenden des Holocaust verließ Deutschland zwischen 1947 und 1952. Obwohl für die meisten Israel das bevorzugte Ziel gewesen war, ging eine Mehrheit letztlich doch in die Vereinigten Staaten. 1952 waren nur noch rund 12.000 jüdische DPs in Deutschland verblieben. Das letzte DP-Lager (Föhrenwald) schloss gleichwohl erst im Frühjahr 1957. Außer den DPs kamen in den jüdischen *Gemeinden* hauptsächlich in Deutschland geborene Juden und eine wachsende Zahl von Remigranten (vor allem aus Israel) zusammen. Anfangs versuchte eine Reihe von *Gemeinden*, nicht als deutsche Staatsbürger geborene Juden von einer Mitgliedschaft auszuschließen, doch schließlich wurden die ehemaligen DPs mit vollen Rechten zugelassen. Eine erhebliche Anzahl von Personen jüdischer Herkunft entschied sich aus verschiedenen Gründen dafür, sich nicht einer jüdischen Gemeinde anzuschließen. Einige, vor allem politisch Engagierte und die intellektuelle Elite, betrachteten sich selbst als Kosmopoliten oder eher als Deutsche, denn als Juden. Andere, insbesondere Remigranten aus Israel, schämten sich, zurück nach Deutschland gegangen zu sein, und mieden deshalb die jüdische Gemeinschaft.

Jüdisches Leben in der Bundesrepublik von den 1950er bis in die 1980er Jahre

Nachdem die meisten Überlebenden bis in die frühen fünfziger Jahre abgewandert waren, waren für einen Großteil der verbliebenen jüdischen Bevölkerung sehr ambivalente Gefühle gegenüber einem Leben in Deutschland kennzeichnend. Einige versuchten, sich selbst und andere davon zu überzeugen, dass ihr Aufenthalt zeitlich begrenzt sein werde, und dass sie gehen würden, sobald sich günstigere Umstände böten. Die Metapher vom Sitzen auf *»gepackten Koffern«* avancierte zu einer geläufig wiederholten Redewendung. Tatsächlich pendelten viele jüdische Einwohner zwischen Deutschland und anderen Ländern hin und her und ließen sich erst nach vielen Jahren endgültig dort nieder. Zu den Ländern, aus denen sie fortgezogen waren, behielten sie jedoch persönliche Bindungen (und häufig auch deren Staatsbürgerschaft). Die meisten Juden außerhalb Deutschlands äußerten sich missbilligend über dort lebende Juden, und jüdische Führungspersonen forderten sie dazu auf, das »verfluchte Land« zu verlassen. Aus Israel remigrierte Juden waren noch schärferer Kritik als andere ausgesetzt, weil sie den jüdischen Staat verlassen hatten. Ihnen wurde vorgeworfen, allein von finanziellen Interessen getrieben zu sein. Internationale jüdische Organisationen weigerten sich oftmals, Angehörige der jüdischen Bevölkerung in Deutschland als Mitglieder zuzulassen. Selbst viele der in Deutschland ansässigen Juden akzeptierten solche ungünstigen Bewertungen. Im Unterschied zur Vorkriegsgemeinschaft nutzten neugegründete jüdische Organisationen die Selbstbezeichnung »Juden in Deutschland«, statt »Deutsche Juden« – ein ganz bewusstes Zeichen der Distanzierung.

Trotz einer überwältigende Ambivalenz verschwanden weder die deutsch-jüdische Bevölkerung noch ihre Gemeinden, sie legten stattdessen sogar an Größe zu (außer in der DDR). So stieg die Zahl der Juden in der Bundesrepublik von etwa 23.000 im Jahr 1952 auf rund 30.000 1957 und blieb danach bis in die 1980er Jahre verhältnismäßig stabil. Hinter dieser scheinbaren Stabilität verbarg sich allerdings ein erhebliches Maß an Mobilität, da viele Juden – als die Angehörigen der älteren Generation verstorben waren – aus Deutschland abwanderten, aber auch viele Neuankömmlinge ins Land kamen.

Die Organisationen der jüdischen Gemeinschaft begannen, sich an Hand von Vorbildern aus der Vorkriegszeit zu konsolidieren. Pro Ort existierte jeweils nur eine *Einheitsgemeinde,* die religiöse sowie Bildungs- und Wohlfahrtsinstitutionen verwaltete. Sie repräsentierte sämtliche religiösen und ideologischen Gruppierungen in der jüdischen Gemeinschaft und wurde von einem gewählten Vorstand geleitet. Nach dem Massenexodus von Holocaustüberlebenden blieben die meisten der ungefähr fünfzig jüdischen Gemeinden recht klein, doch 1984 lebte die breite Mehrheit der Juden in Deutschland in sechs Gemeinden mit jeweils über 1000 Mitgliedern; die größte davon in Berlin zählte 6370 Mitglieder.

Die von den Einheitsgemeinden betriebenen Synagogen wurden – abgesehen von wenigen Ausnahmen – »orthodox geführt«, d.h. die Liturgie folgte orthodoxen Vorgaben und religiöse Neuerungen in Gemeindefunktionen unterblieben. Lediglich die Synagoge in Saarbrücken und die in der Berliner Pestalozzistraße boten einen liberalen Gottesdienst mit Orgeln und gemischten Chören (getrennte Sitzplätze für Männer und Frauen behielten aber auch sie bei). In einigen Synagogen, in denen es ursprünglich eine Orgel gegeben hatte, wurde diese entfernt oder nicht mehr genutzt. Die Mitglieder der Gemeinden waren allerdings weit davon entfernt, orthodox zu sein. Der Gottesdienstbesuch fiel – außer an den hohen Feiertagen – ziemlich spärlich aus, und die breite Mehrheit der Gemeindeangehörigen befolgte privat die Sabbat- und Speisegesetze nicht. Rabbiner oder andere religiöse

Funktionsträger gab es in Deutschland nur wenige; viele von ihnen kamen aus dem Ausland (aus englischsprachigen Ländern und aus Israel) und blieben nur für recht kurze Zeit. Aufgrund der in Deutschland geringen Zahl potentieller jüdischer Heiratspartner und trotz eines Gefühls des Befremdens gegenüber nichtjüdischen Deutschen, dass viele Juden in Deutschland einräumten, schloss die Mehrzahl der heiratenden Juden mit Nichtjuden die Ehe.

Nicht allein wegen der hohen Rate von Mischehen, sondern auch aufgrund des wachsenden Interesses vieler nichtjüdischer Deutscher am Judentum wurde nach dem Zweiten Weltkrieg das Thema Konversion zu einem wichtigen Gegenstand im jüdischen Leben. Viele der in Mischehen lebenden Mitglieder jüdischer Gemeinden wünschten, dass ihre Ehepartner und Kinder als Juden anerkannt würden. Doch orthodoxe wie auch liberale Rabbiner waren im allgemeinen, vor allem aber auch in den unmittelbaren Nachkriegsjahren sehr zögerlich, Übertrittsgesuche anzunehmen. Eine Zeit lang unterlagen orthodoxe Konversionen den sehr strengen Regeln des Londoner Rabbinatsgerichts (Beth Din). Seit dem um 1990 einsetzenden Zuzug von Juden aus der Sowjetunion hat es beträchtliche Auseinandersetzungen über großzügigere Übertrittsregelungen gegeben und die erstarkende liberale Bewegung hat einige Anstrengungen unternommen, entsprechenden Forderungen gerecht zu werden.

Abgesehen von übertrittswilligen Nichtjuden interessierte sich zudem eine größer werdende Zahl nichtjüdischer Deutscher in professioneller Hinsicht oder auch als eine Art der Freizeitbeschäftigung für jüdische Kultur. Seit den 1970er Jahren wuchs der Kreis nichtjüdischer deutscher Wissenschaftler, die über deutsch-jüdische Geschichte, Kultur und Religion forschten und publizierten. Auf einer weniger ernsthaften, populären Ebene erfreute sich seit den 1980er Jahren »Klezmer«-Musik – eine ursprünglich osteuropäisch-jüdische Volksmusik, die meistens bei Hochzeiten gespielt wurde – großer Beliebtheit beim deutschen Publikum. Manche kritisierten, diese Popularität erzeuge eine unechte und gekünstelte Identifikation mit jüdischer Kultur (vor allem deshalb, weil Klezmer vor dem Zweiten Weltkrieg bei deutschen Juden so gut wie unbekannt gewesen war). Gewissermaßen zwischen wissenschaftlicher Forschung und Klezmer-Mode angesiedelt war die steigende Zahl jüdischer Museen und Erinnerungsorte in Deutschland, bei deren Besuchern es sich in der Mehrzahl um Nichtjuden handelte.

Mit der Gründung des *Zentralrats der Juden in Deutschland* im Jahr 1950 wurden Bereiche des jüdische Lebens zunehmend zentralisiert. Der *Zentralrat* besteht aus einer Ratsversammlung und einem Direktorium, die jeweils aus Delegierten der lokalen Gemeinden und Landesverbände zusammengesetzt werden und ein Präsidium wählen. Abgesehen von seiner Funktion, das religiöse und kulturelle Leben zu fördern, dient der *Zentralrat* als wichtigstes Sprachrohr der Juden in Deutschland in allen politischen Fragen, insbesondere auch im Hinblick auf die »Wiedergutmachung«, den Antisemitismus und die Beziehungen zu Israel. Er finanziert die *Zentralwohlfahrtstelle der Juden in Deutschland* sowie jüdische Frauen-, Studenten- und Rabbinerorganisationen. Seine Hauptstelle – ursprünglich in Frankfurt, dann nach Düsseldorf und Bonn verlegt – befindet sich seit 1999 in Berlin. Der *Zentralrat* gilt als Stimme des »jüdischen Establishment«. Seine aufeinanderfolgenden Leiter Heinz Galinski (1912-1992), Ignaz Bubis (1927-1999) und Charlotte Knobloch (*1932) wurden als Sprecher der jüdischen Bevölkerung auch häufig von den allgemeinen deutschen Medien angefragt und somit über die jüdische Gemeinschaft hinaus bekannt.

Parallel zur Zentralisierung der Gemeindestrukturen durch den Zentralrat erfolgte eine Konzentration der jüdischen Presse. Nach und nach stellten fast sämtliche der zahlreichen jiddischen und deutschsprachigen Zeitungen der unmittelbaren Nachkriegsjahre ihr Erscheinen ein. Übrig blieb einzig und allein die 1946 gegründete *Allgemeine Jüdische Wochenzeitung* (seit 2002 *Jüdische Allgemeine*). Ursprünglich ein unabhängiges Unternehmen und herausgegeben von Karl Marx (1897-1966) wurde aus der *Allgemeinen* nach dessen Tod das offizielle Organ des *Zentralrats.*

Der *Zentralrat* und andere Einrichtungen, die zum jüdischen Establishment zu rechnen waren, wurden in der Regel von Angehörigen der älteren Generation geleitet und stützten den religiösen Status quo. Ihr Interesse konzentrierte sich auf die Abwehr des Antisemitismus, auf die Unterstützung Israels und auf die Durchsetzung jüdischer Entschädigungsansprüche für das im Holocaust Verlorene, weniger jedoch auf Angelegenheiten des kulturellen oder intellektuellen Lebens. In den 1970er und 1980er Jahren wuchs innerhalb der jüdischen Gemeinschaft in der Bundesrepublik allerdings eine kleine, aber aktive Opposition heran. Angeführt von einer Gruppe von Intellektuellen und Aktivisten, die nach dem Zweiten Weltkrieg geboren worden waren, erstrebte diese Opposition eine kulturell und politisch lebendigere jüdische Gemeinschaft. Große Unterschiede bestanden allerdings in der Art und Weise, wie und wobei gegen das Establishment opponiert wurde: Manche befürworteten eine stärkere Identifikation mit Deutschland, während andere eine offensivere Haltung gegenüber dem Antisemitismus einforderten; einige wünschten sich alternative religiöse Ausdrucksformen, wieder andere eine kritischere Positionierung zur Politik des israelischen Staates. Provokante neue Zeitschriften wie *Semit* und *Babylon* kritisierten das Establishment von links. Bei diesem Ausbruch von Dissens handelte es sich um ein (gewissermaßen verspätetes) jüdisch-deutsches Pendant sowohl zur Studentenbewegung der 1960er Jahre als auch zu den nonkonformistischen jüdischen Jugendbewegungen in den Vereinigten Staaten und anderen Ländern. Viele der führenden Köpfe der Oppositionsbewegung wurden später im deutsch-jüdischen Umfeld als Autoren, Intellektuelle oder sogar als die Hauptströmung vertretende Gemeindevorsteher bekannt.

Jüdisches Leben in der DDR

In der DDR entwickelte sich das jüdische Leben in vollkommen anderer Richtung als in der Bundesrepublik. Zu Anfang spielten linksgerichtete jüdische Intellektuelle und Politiker, die aus der Sowjetunion und dem Westen zurückgekehrt waren, noch eine wichtige Rolle in den Führungszirkeln des ostdeutschen Staates. Am Leben der organisierten jüdischen Gemeinde nahmen allerdings nur wenige von ihnen teil. Dabei schossen in den unmittelbaren Nachkriegsjahren auch in den größeren Städten der Sowjetischen Besatzungszone (SBZ) jüdische Gemeinden aus dem Boden. Insgesamt zählten diese rund 3000 Mitglieder, und vermutlich gab es eine mindestens ebenso große Anzahl von Personen jüdischer Herkunft, die den Gemeinden nicht beitrat. Die größte jüdische Gemeinde existierte in Berlin, wo sie zunächst gemeinsam für den West- wie auch den Ostsektor zuständig war. Viele der jüdischen Einrichtungen waren anfangs in Ostberlin angesiedelt.

Die Situation der Juden in der SBZ/DDR verschlechterte sich in Stalins letzten Lebensjahren. Im Zuge personeller »Säuberungen« wurden viele Juden aus der staatlichen Führung entfernt, Regierung und Presse entfachten Kampagnen gegen »Kosmopoliten« und »zionistische Spione«. Schätzungsweise floh 1952/53 etwa die Hälfte der jüdischen Bevölkerung aus der DDR. Diese Situation machte das Funktionieren einer vereinten jüdischen Gemeinde in Berlin alsbald unmöglich: 1953 verlegte die Leitung ihren Hauptsitz nach Westberlin, und im Ostsektor entwickelte sich eine eigenständige jüdische Gemeinde. (Die Mauer wurde erst 1961 gebaut, und bis dahin war es durchaus möglich, Kontakte zwischen den beiden Sektoren aufrechtzuerhalten.) Nur eine Minderheit von Juden blieb im Osten der Stadt, wo ihnen der *Friedenstempel* in der Rykestrasse mit Rabbiner Martin Riesenburger (1896-1965) zur Verfügung stand. Die offiziellen Mitgliedszahlen jüdischer Gemeinden in der DDR sanken stetig von ca. 2600 im Jahr 1952, bis auf 1200 1967 und nur noch 350 im Jahr 1989. Unbekannt ist indes, wie viele Juden in der DDR nicht bei den Gemeinden registriert waren, wobei Schätzungen von bis zu 3500 Personen ausgehen. Die meisten DDR-Gemeinden außerhalb von Berlin waren zu klein, um am Sabbat regelmäßig Gottesdienste abhalten zu können, manche mussten sich selbst für

Feiertagsgottesdienste zusammenschließen. Koscheres Fleisch war nur in Ostberlin zu bekommen.

Die unverhohlene Verfolgung endete nach Stalins Tod 1953. Gleichwohl übte der ostdeutsche Staat erheblichen Druck auf seine jüdische Bevölkerung aus, von der besonders nach 1967 erwartet wurde, die antiisraelische Position der DDR zu unterstützen. Jüdischen Gemeinden war es zwar erlaubt, sich zu betätigen, doch standen sie unter Überwachung durch die *Staatssicherheit*. Die meisten Juden hielten sich bedeckt. In den letzten Jahren der DDR zeigte sich der Staat gegenüber den jüdischen Einwohnern wohlwollender, da die Regierung hierin ein Mittel zu erkennen glaubte, eine Annäherung an die Vereinigten Staaten zu befördern. Junge Juden fingen an, mehr Interesse für ihr jüdisches Erbe aufzubringen, und der Staat ging daran, öffentliche jüdische Gebäude zu restaurieren. Erwähnenswert ist dabei vor allem der prächtige vordere Teil der Synagoge in der Oranienburgerstraße mit der goldenen Kuppel. Begonnen wurde diese Restaurierung noch 1988 in Anwesenheit des DDR-Staatsratsvorsitzenden Erich Honecker; abgeschlossen werden konnte sie aber erst 1993 nach der deutschen Wiedervereinigung.

Die Masseneinwanderung und die gegenwärtige Lage des Judentums in Deutschland

Der Fall der Berliner Mauer war nicht nur ein Vorbote der Wiedervereinigung Deutschlands, sondern ebenso des Zusammenbruchs der Sowjetunion. Dieser wiederum führte bald zu einer enormen Einwanderung von Juden aus der früheren Sowjetunion nach Deutschland. Die offiziellen Mitgliedszahlen der jüdischen Gemeinden stiegen sprunghaft an: von 29.089 im Jahr 1990 auf einen Höhepunkt im Jahr 2006 mit 107.794. Seit 2005 ist die Zahl der Immigranten pro Jahr allerdings drastisch gesunken. Die jüdischen Gemeinden verfolgten eine strenge Aufnahmepolitik und ließen nur jene zu, die nachweisen konnten, eine jüdische Mutter zu haben oder zum Judentum konvertiert zu sein. Ohne

Mitglied einer jüdischen Gemeinde zu sein, leben heute in Deutschland schätzungsweise mindestens 100.000 weitere aus der ehemaligen Sowjetunion Zugewanderte, die einen teilweise jüdischen Hintergrund haben oder mit Juden verheiratet sind. Da die Neueinwanderer viel weiter verstreut wohnen als die »alteingesessene« jüdische Bevölkerung, stieg die Zahl der offiziellen Gemeinden auf 108. Der Anteil derjenigen, die den drei größten Gemeinden angehören, ging unterdessen von über der Hälfte auf ungefähr ein Viertel aller Gemeindemitglieder zurück.

Das immense Wachstum der jüdischen Bevölkerung hat die jüdische Gemeinschaft in Deutschland sowohl vor neue Möglichkeiten als auch vor neue Herausforderungen gestellt. Die breite Mehrheit der Neueinwanderer besaß nur wenig oder gar keine Kenntnis der jüdischen Religion, Geschichte oder Kultur, doch verfügten viele über eine höhere Allgemeinbildung. Die Identitätsprobleme der Neuankömmlinge und die Prozesse der »Akkulturation«, die sie auf Wunsch der deutschen Regierung wie auch der jüdischen Gemeinden durchlaufen sollten, waren komplex und manchmal widersprüchlich. Eine Mitgliedschaft in der jüdischen Gemeinde (sofern sie in Frage kam) bot vielfältige soziale Vorteile: Die Gemeinden konnten bei der Wohnungssuche und Berufsausbildung sowie mit finanzieller Unterstützung, Beratung und Deutschunterricht behilflich sein. Doch ging es den Gemeinden nicht allein darum, den Immigranten bei der oft staatlich geförderten Anpassung an die deutschen Lebensverhältnisse zu helfen, sondern auch darum, sie mit ihren jüdischen Wurzeln und den kulturellen wie religiösen Traditionen in Verbindung zu bringen. Ein erheblicher prozentualer Anteil der Neueinwanderer besaß zwar ein gewisses Bewusstsein einer jüdisch-ethnischen Identität, was häufig auf den Erfahrungen von Diskriminierung und Antisemitismus beruhte. Eine Mehrheit aber war als Atheisten aufgezogen worden und sprach nur Russisch. In religiösen Fragen gut bewandert war lediglich eine Minderheit, die aus nichteuropäischen Regionen (wie Georgien und Usbekistan) stammte; und Jiddisch konnten nur einige ältere Einwanderer aus den europäischen Regionen. Nichtsdestotrotz empfand ein großer Anteil der Immigranten ein Gefühl des Jüdischseins, und ein Teil von ihnen hatte den Wunsch, mehr über jüdische Traditionen und Geschichte zu erfahren. Viele der Neuankömmlinge schickten ihre Kinder auf jüdische Schulen, viele wurden im jüdischen Gemeindeleben aktiv, und an vielen Orten übernahmen sie Leitungsaufgaben in den jüdischen Gemeinden. Eine kleine Minderheit, besonders unter den Jungen, fühlte sich vom orthodoxen Judentum angezogen, und eine andere kleine Minderheit fand Anschluss bei christlichen Konfessionsgemeinschaften, darunter den »Juden für Jesus«. Noch wäre es verfrüht, Aussagen darüber zu machen, zu welchem Anteil die Eingewanderten jüdische Traditionen übernehmen und diese an ihre Kinder weitergeben werden, oder wie viele von ihnen letztlich mit den jüdischen Gemeinden verbunden bleiben werden, wenn sie eines Tages keine soziale Unterstützung mehr benötigen.

Seit den 1990er Jahren ist das institutionelle jüdische Leben in Deutschland stärker in die Öffentlichkeit gerückt, und es ist vielgestaltiger geworden. In den neuen wie auch in älteren Gemeinden sind neue Synagogen gebaut worden, und diese befinden sich – anders als die früher errichteten, diskret versteckten Synagogen – häufig an deutlich sichtbaren Plätzen in den Stadtzentren. Das bemerkenswerteste Beispiel hierfür ist die 2007 fertiggestellte Synagoge am Jakobsplatz in München. Im Unterschied zu Synagogen aus der Zeit vor dem Zweiten Weltkrieg, die oft ausschließlich als Gotteshäuser gedacht waren, sind die meisten der neueren Synagogen als jüdische Gemeindezentrum errichtet worden, die Schulen, Bibliotheken, Säle für Festveranstaltungen sowie manchmal Museen und koschere Restaurants beherbergen. Dieser Aufbau greift nicht nur Trends auf, die in jüdischen Gemeinden in den Vereinigten Staaten zu finden sind, sondern spiegelt auch die Tatsache wider, dass die meisten Mitglieder mehr Gebrauch von den »weltlichen« Einrichtungen als vom Gebetsraum machen. Darüber hinaus fand in Deutschland ein erheblicher Ausbau des jüdischen Schulwesens statt. 2007 gab es sieben jüdische Ganztagsschulen in fünf Städten, darunter ein Gymnasium in Berlin. Außerdem gibt es Dutzende von jüdischen Kindergärten. Wie andere jüdische Institutionen in Deutschland sind Synagogen und jüdische Schulen von strengen Sicherheitsmaßnahmen umgeben, um Anschläge zu verhindern.

Bis vor wenigen Jahren gab es in Deutschland keine Einrichtungen, um Rabbiner oder andere religiöse Funktionsträger auszubilden. Rabbiner wurden entweder aus anderen Ländern angeworben oder mussten ihre Ausbildung im Ausland absolvieren. Die 1979 in Heidelberg gegründete *Hochschule für jüdische Studien* war ursprünglich zumindest teilweise für die Ausbildung von Rabbinern, Kantoren und Lehrern vorgesehen, hat aber hauptsächlich nichtjüdische Studierende angezogen, die entweder aus wissenschaftlichem oder persönlichem Interesse Jüdische Studien belegen. Somit hat die *Hochschule* zwar keine Rabbiner ausgebildet, dafür aber jüdische Lehrer. 1999 wurde schließlich das *Abraham Geiger Kolleg* in Potsdam als liberales Rabbinerseminar gegründet, und 2006 sind hier die ersten Absolventen ordiniert worden. Die ersten orthodoxen Rabbiner vom neuen *Hildesheimer Seminar*, das in Berlin unter Schirmherrschaft der Ronald S. Lauder-Stiftung gegründet wurde, sind im Jahr 2009 ordiniert worden.

Diese beiden neuen Seminare sind nicht nur ein Beleg für die Wiederbelebung der Rabbinerausbildung, sondern ebenso ein Indiz für das Wiederaufleben jüdischer Religionsrichtungen. Bis vor kurzem war die Einheitsgemeinde – orthodox geführt, aber mit wenigen orthodoxen Mitgliedern – die dominierende Institution des jüdischen Lebens. Doch seit den 1990er Jahren hat das liberale Judentum an Stärke gewonnen und sich zu organisieren begonnen. 1997 wurde die *Union Progressiver Juden in Deutschland, Österreich und der Schweiz* (seit 2002 *Union Progressiver Juden in Deutschland*) gegründet, die inzwischen Zweigstellen an 22 verschiedenen Orten geltend macht. Die Liberalen ließen ein neues liberales Gebetbuch drucken; überdies beschäftigen sie sowohl männliche als auch weibliche Rabbiner wie Kantoren und fördern eine Vielzahl kultureller Betätigungen. Anfänglich widersetzte sich der *Zentralrat* vehement den liberalen Aktivitäten, inzwischen jedoch umfasst er neben den orthodoxen auch »konservative, reformerische und liberale« Gemeinden. In einer Reihe von Städten gibt es unterdessen sowohl Einheitsgemeinden als auch eine gesonderte liberale Gemeinde.

Auf orthodoxer Seiten geht eine Dynamik in erheblichem Maße von zwei Organisationen aus, die in den Vereinigten Staaten beheimatet sind: Chabad-Lubavitch und die Ronald S. Lauder-Stiftung. Chabad, eine chassidische Bewegung mit Sitz in Brooklyn, die für ihr innere Mission unter der jüdischen Bevölkerung bekannt ist, bietet gegenwärtig an 14 verschiedenen Orten Einrichtungen und Aktivitäten an. Dazu zählen neben Schulen, Gottesdiensten, Kindertagesstätten und religiösen Publikationen auch Hilfe bei der Suche nach koscheren Lebensmitteln sowie die öffentliche Begehung der jüdischen Feiertage. Wohlbekannt ist Chabad einerseits dafür, mit allen Juden – gleichgültig, wie nichtpraktizierend oder religiös entwöhnt sie auch sein mögen – bereitwillig zusammenzuarbeiten, aber andererseits auch dafür, einem eigenen, unabhängigen Kurs zu folgen, ohne sich einer anderen jüdischen Gruppierung unterzuordnen. Ebenfalls orthodox orientiert, aber gemäßigter als Chabad ist die Lauder-Stiftung, die sich dem Wiederaufbau jüdischen Lebens in Europa verschrieben hat. Finanziell ausgestattet von einem amerikanisch-jüdischen Unternehmer und Philanthropen unterstützt sie mehrere Schulen und Gemeindezentren sowie in Berlin eine Jeschiwa für das Talmudstudium und die Ordinierung von Rabbinern.

Die neu aktivierten orthodoxen und liberalen Kreise repräsentieren nur einen kleinen Teil der jüdischen Bevölkerung Deutschlands. Die meisten Einwanderer aus der ehemaligen Sowjetunion sind noch immer stark mit alltagspraktischen Fragen und Problemen beschäftigt, wie zum Beispiel eine Arbeit zu finden, eine Ausbildung zu erlangen oder sich an die deutschen Lebensverhältnisse zu gewöhnen. Und unter denen, die durchaus jüdisch orientiert sind, ist die Mehrzahl stärker an einer ethnischen und kulturellen Identifikation interessiert als an der Religion.

Bis in die 1980er Jahre bildete für eine breite Mehrheit der Juden in Deutschland die Identifikation mit den Anliegen und Problemen Israels einen bedeutenden Bestandteil ihrer Identität. Allerdings haben wohlwollende Haltungen gegenüber Israel seit den 1980er Jahren in der mehrheitsdeutschen öffentlichen Meinung an Boden verloren, und auch viele Juden in Deutschland sind gegenüber dem jüdischen Staat kritischer geworden. Oft geben Ereignisse im Nahen Osten und die Politik Israels ebenso sehr Anlass für Unbehagen oder Verlegenheit, wie für Stolz. Außerdem hat der erhebliche Zustrom von Muslimen nach Deutschland Auswirkungen auf die Stellung der Juden mit sich gebracht. Schon längst sind die Juden nicht mehr die größte, die sichtbarste oder die umstrittenste Minderheit in Deutschland. Jüdische Haltungen gegenüber ihren muslimischen Nachbarn divergieren und sind häufig ambivalent. Auf der einen Seite gibt es in der jüdischen Minderheit das Bedürfnis, das Recht anderer Minderheiten auf eigene Bräuche, religiöse Betätigung und außerdeutsche Bindungen zu verteidigen. In manchen Fällen, wie beispielsweise beim koscheren Schlachten, stehen jüdische und muslimische Interessen gar im Einklang miteinander. Auf der anderen Seite hat eine Mehrheit der muslimischen Bevölkerung in vielen anderen Belangen – vor allem dann, wenn es um Israel geht – Positionen bezogen, die denen der meisten Juden unmittelbar feindselig gegenüberstehen. Im Deutschland des 21. Jahrhunderts fürchten sich Juden zumindest ebenso sehr vor physischen Angriffen von Muslimen, wie vor denen der traditionell antisemitischen deutschen Rechtsextremen. Ironischerweise hat dies einige Juden in Deutschland zu Kritikern einer mangelhaften Integration der dortigen muslimischen Bevölkerung werden lassen.

Es scheint so, als würden unterdessen viele Juden in Deutschland, vielleicht sogar die meisten, das Land als dauerhaftes Zuhause ansehen und nicht mehr »auf gepackten Koffern sitzen«. Heutzutage ist die jüdische Gemeinschaft mannigfaltiger und aktiver als je zuvor seit der unmittelbaren Nachkriegszeit. Der rapide Anstieg der jüdischen Bevölkerung hat in den Gemeinden ein neues Gefühl der Zuversicht aufkommen lassen, zugleich aber auch stärkere Spannungen innerhalb der Gemeinschaft hervorgerufen. Welche Folgen die Einwanderungswelle aus der früheren

Sowjetunion zeitigt, wird davon abhängen, in welchem Ausmaß die Immigranten und deren Kinder Bindungen an die jüdische Identität und Kultur entwickeln. Noch ist ein Ausgang nicht vorhersagbar.

Kurzbiografien

Moses Mendelssohn (1729-1786) wurde in Dessau als Sohn eines Thora-Schreibers geboren. Als 14-jähriger Thora-Student kam er nach Berlin und erwarb dort eine weltliche Bildung – darunter Hochdeutsch und mehrere andere Sprachen – ohne jeden geregelten Schulbesuch im Selbststudium. Mendelssohn schloss mit mehreren Mitgliedern des Berliner Aufklärungskreises enge Freundschaften (insbesondere mit Gotthold Ephraim Lessing und Friedrich Nicolai), und seit den späten 1750er Jahren schrieb er für die führenden Aufklärungszeitschriften. Außerordentlich erfolgreich war seine Veröffentlichung des *Phaedon* (1767), eine Neubearbeitung von Platos Dialog über die Unsterblichkeit der Seele, die ihm den Beinamen »der deutsche Sokrates« eintrug. Außerdem löste dies die Herausforderung durch Johann Kaspar Lavater aus, der Mendelssohn aufforderte, eine Schrift über die Wahrheit des Christentums zu widerlegen oder zu konvertieren. Mendelssohn sah sich genötigt, eine philosophische Rechtfertigung dafür zu finden, dass er sich zur aufklärerischen Vernunft bekannte, gleichzeitig aber weiterhin das jüdische Religionsgesetz befolgte – eine Untersuchung, die er am systematischsten in seinem Werk *Jerusalem* (1783) zum Ausdruck brachte. Obwohl er sich mit seiner Übersetzung der Bibel ins Hochdeutsche (1778-1783) die Kritik zahlreicher Rabbiner einhandelte, blieb Mendelssohn ein praktizierender Jude, der versuchte, Tradition und Aufklärung in Einklang zu bringen. In Berlin scharte sich um ihn herum ein Kreis jüdischer Aufklärungsanhänger. Doch viele der selbsterklärten Nachfolger Mendelssohns bezogen weitaus radikalere Positionen als ihr Lehrmeister, insbesondere nach seinem Tod 1786. In späteren Generationen wurde der Umstand, dass vier der sechs überlebenden Kinder Mendelssohns (die überwiegend sehr jung gewesen waren, als er starb) schließlich zum Christentum konvertierten, als Argument gegen die jüdische Aufklärung verwendet.

Samson Raphael Hirsch (1808-1888) wurde in Hamburg geboren. Er besuchte die Universität Bonn (allerdings ohne einen Abschluss zu machen). Seine Thora- und Talmud-Ausbildung erhielt er hauptsächliche bei Isaac Bernays in Hamburg und Jacob Ettlinger in Mannheim. Während Hirsch eine erste rabbinische Position als Landesrabbiner in Oldenburg bekleidete, verfasste er mit *Neunzehn Briefe über Judentum* (1836) und *Horeb* (1838) seine frühen wichtigen religiösen Werke in deutscher Sprache. Diese Verteidigungen traditioneller jüdischer Observanz, verfasst in einem modernen, romantischen Stil, riefen erhebliches Interesse hervor. Nach kurzer Amtszeit in Emden diente Hirsch seit 1846 als Landesrabbiner in Mähren. 1851 wurde er zum Rabbiner der separatistischen orthodoxen *Israelitischen Religionsgesellschaft* (IRG) in Frankfurt berufen, wo er bis an sein Lebensende blieb. Hirsch baute die IRG zur Modellgemeinschaft mit Synagoge, Schule und all den Eigenschaften einer unabhängigen Gemeinde aus. Als Verfechter einer Synthese von Thora und weltlichem Wissen (Torah im Derech Eretz) erkannte er die westliche Kultur an, beharrte aber auf einer sehr strengen Beachtung aller Aspekte des jüdischen Religionsgesetzes. 1876 trug Hirsch dazu bei, im Preußischen Landtag das Austrittsgesetz zu erwirken, das es Juden erlaubte, die Gesamtgemeinde zu verlassen, ohne das Judentum aufzugeben. Er bestand darauf, dass der Austritt eine religiöse Pflicht aller orthodoxen Juden sei, und er brach mit Rabbinern und Führungsgestalten, die ihm dabei die Zustimmung verweigerten. Sein Einfluss auf das deutsche orthodoxe Judentum blieb bis weit ins 20. Jahrhundert hinein dominierend.

Fanny Neuda, geb. Schmiedl (1819-1894), wurde in Eibenschütz/Mähren (Ivancice) in eine Rabbinerfamilie geboren und war selbst Tochter eines Rabbiners. In ihren Zwanzigern heiratete sie Abraham Neuda (1812-1854), der gemäßigt reformerischer Rabbiner in der mährischen Kleinstadt Loschitz (Lostice) wurde. Sowohl Fanny Neuda als auch ihr Ehemann gehörten der jüngeren, deutschsprachigen Generation mährischer Juden an. Deutsch war auch die Sprache der Predigten von Rabbi Neuda. Fanny Neuda wurde bereits im Alter von 35 Jahren als Mutter von drei Kindern Witwe. Ein Jahr nach dem Tod ihres Mannes veröffentlichte sie einen Band mit persönlichen Gebeten in deutscher Sprache: *Stunden der Andacht. Ein Gebet- und Erbauungsbuch für Israels Frauen und Jungfrauen zur öffentlichen und häuslichen Andacht, sowie für alle Verhältnisse des weiblichen Lebens.* Neuda ließ sich später in Wien nieder, wo zumindest eines ihrer Kinder lebte. Sie starb im Erholungsort Meran/Südtirol.

Stunden der Andacht erfreute sich über viele Jahrzehnte hinweg außerordentlicher Beliebtheit. Das Buch erlebte zahlreiche deutsche Auflagen und wurde auch in andere Sprachen übersetzt. Die Gebete waren in einem sehr gefühlsbetonten, poetischen Ton gehalten. Abgesehen von Gebeten für verschiedene Anlässe des jüdischen Kalenders waren persönliche Gebete aller Art enthalten, darunter etwa das »Gebet einer Frau, die sich Mutter fühlt«, »In kinderloser Ehe«, das »Gebet einer unglücklichen Ehegattin« und »Gebet in sorgenvollen Stunden«. Außerdem gab es Gebete für Reiche (»Im Wohlstand«), für die »Unbemittelten« oder »Dienenden« sowie Gebete für viele alltägliche Gelegenheiten, die etwa bei Krankheit oder auf Schiffsreisen sowie an Gräbern von Verwandten oder während einer Dürre gesprochen werden konnten.

Regina Jonas (1902-1944) wurde in Berlin geboren, wo sie im Scheunenviertel aufwuchs. Nach dem Besuch eines Lehrerseminars schrieb sie sich 1924 an der *Hochschule für die Wissenschaft des Judentums* ein. Ihre Dissertation zum Thema »Kann eine Frau das rabbinische Amt bekleiden?« schloss sie 1930 ab. Die *Hochschule* weigerte sich jedoch, Jonas zu ordinieren und verlieh ihr lediglich den Titel einer akademisch ausgebildeten Lehrerin. Schließlich wurde sie 1935 von Rabbiner Max Dienemann ordiniert. Jonas verrichtete in Krankenhäusern und an anderen Orten seelsorgerische Arbeit und predigte in einer Reihe von Synagogen. 1942 wurde sie nach Theresienstadt deportiert, wo sie weiterhin Vorträge und Predigten hielt. In Bekanntmachungen für ihre Vorträge wurde sie als der »einzige weibliche Rabbiner: Regina Jonas« bezeichnet. 1944 wurde sie von Theresienstadt nach Auschwitz gebracht und dort ermordet. Bis in die 1990er Jahre war die Geschichte von Regina Jonas als der ersten Rabbinerin kaum bekannt, seitdem jedoch ist sie für Rabbinerinnen vor allem in Europa zu einem Rollenvorbild geworden.

Leo Baeck (1873-1956) wurde in Lissa/Posen (Leszno) als Sohn des örtlichen Rabbiners geboren. Nach dem Besuch des *Jüdisch-Theologischen Seminars* in Breslau wirkte er als liberaler Rabbiner in Oppeln, Düsseldorf und Berlin. Baeck verfasste eine Anzahl theologischer Arbeiten, darunter am bemerkenswertesten *Das Wesen des Judentums* (1905, 1922), worin er das Judentum gegen liberalprotestantische Kritik verteidigte. Später bemühte er sich darum, im Judentum ein Gleichgewicht des Rationalen und des Mystischen herzustellen. 1933 wurde Baeck als Präsident der *Reichsvertretung* (später *Reichsvereinigung*) *der deutschen Juden* zum offiziellen Repräsentanten des deutschen Judentums – eine Position, die er bis zu seiner Deportation nach Theresienstadt 1943 bekleidete. Nachdem er den Holocaust überlebt hatte, ließ sich Baeck in London nieder und setzte seine Arbeit als Rabbiner und Lehrer fort. Obschon manchmal kritisiert, wurde Baeck in seiner Amtszeit in der Reichsvertretung im Allgemeinen große Achtung entgegengebracht und vielen galt er als Symbolfigur der kulturellen deutsch-jüdischen »Symbiose«. Nach ihm wurde das Leo Baeck Institut für die Erforschung des deutsch-jüdischen Erbes benannt.

Literaturverzeichnis

Alexander Altmann, *Moses Mendelssohn, A Biographic Study. University (Alabama),Philadelphia, London, 1973.*

Benjamin Maria Baader, Gender, Judaism and Bourgeois Culture in Germany, 1800-1870. Bloomington, 2006.

Michael Brenner, *Nach dem Holocaust: Juden in Deutschland, 1945-1950.* München, 1995

Michael Brenner, *Jüdische Kultur in der Weimarer Republik*, München – Beck 2000 [Englisch: *The Renaissance of Jewish Culture in Weimar Germany. New Haven-London, 1996*

Mordechai Breuer, *Jüdische Orthodoxie im Deutschen Reich 1871-1918. Die Sozialgeschichte einer religiösen Minderheit. Frankfurt/M, 1986.*

Marion A Kaplan, Jüdisches Bürgertum: Frau, Familie und Identität im Kaiserreich, Hamburg – Dölling und Galitz, 1997, [Englisch The Making of the Jewish Middle Class. Women, Family and Identity, in Imperial Germany. New York-Oxford, 1991]

Robert Liberles, Religious Conflict in Social Context: The Emergence of Orthodox Judaism in Frankfurt am Main, 1838-1877. Greenwood, Conn., 1985

Steven Lowenstein, The Berlin Jewish Community. Enlightenment, Family and Crisis 1770-1830. New York-Oxford, 1994

Hugo Mandelbaum, Jewish Life in the Village Communities of Southern Germany. New York, 1985

Michael Meyer, *Antwort auf die Moderne: Die Geschichte der Reformbewegung im Judentum*, Wien – Böhlau, 2000 [Englisch: *Response to Modernity: A History of the Reform Movement in Judaism.* New York-Oxford, 1988]

Jehuda Reinharz, *Fatherland or Promised Land. The Dilemma of the German Jew, 1893-1914.* Ann Arbor, 1975

Monika Richarz und Reinhard Rürup (Herausgeber), *Jüdisches Leben auf dem Lande.* Tübingen, 1997

Monika Richarz, *Jüdisches Leben in Deutschland . Selbstzeugnisse zur Sozialgeschichte. (3* Bände). Stuttgart, 1976, 1979, 1982

David Sorkin, *The Transformation of German Jewry 1780-1840. New York-Oxford, 1987*

Personenregister